L. Tieck, E
Th. Stor

Liebesge

Bearbeitet von **Achim Seiffarth**
Illustriert von **Alfredo Belli**

Redaktion: Claudia Corrias
Künstlerische Leitung und Gestaltungskonzept: Nadia Maestri
Computerlayout: Carlo Cibrario-Sent, Simona Corniola
Bildbeschaffung: Alice Graziotin

© 2015 Cideb, Genua, London

Erstausgabe: Januar 2015

Fotonachweis: Shutterstock; IstockPhoto, DreamsTime; Thinkstock;
Culture Club/Getty Images: 5t; DeAgostini Picture Library:
5u, 6t; Imagno/Getty Images: u; MONDADORI PORTFOLIO/
AKG Images: 27; © Andrew Cowin/LatitudeStock/Corbis: 48;
Tristram and Isolde Drinking the Love Potion, 1867 (mixed media),
Rossetti, Dante Gabriel Charles (1828-82)/The Higgins Art Gallery
& Museum, Bedford, UK/Bridgeman Images: 49; © Bettmann/
CORBIS: 50; Sean Gallup/Getty Images: 62; WebPhoto: 72;
© Underwood & Underwood/Corbis: 73; © IFPA/Marka: 74.

Trotz intensiver Bemühungen konnten nicht alle Inhaber von Text-
und Bildrechten ausfindig gemacht werden. Für entsprechende
Hinweise ist der Verlag dankbar.

Wir würden uns freuen, von Ihnen zu erfahren, ob Ihnen dieses
Buch gefallen hat. Wenn Sie uns Ihre Eindrücke mitteilen oder
Verbesserungsvorschläge machen möchten, oder wenn Sie
Informationen über unsere Verlagsproduktion wünschen, schreiben
Sie bitte an:
info@blackcat-cideb.com
www.blackcat-cideb.com

Member of CISQ Federation

RINA
ISO 9001:2008
Certified Quality System

IQNet

The design, production and distribution of educational materials
for the CIDEB brand are managed in compliance with the rules of
Quality Management System which fulfils the requirements of the
standard ISO 9001 (Rina Cert. No. 24298/02/S - IQNet Reg. No. IT-80096)

ISBN 978-88-530-1524-2   Buch + CD

Gedruckt in Genua, Italien, bei Litoprint

Inhalt

 Die CD enthält den vollständigen Text.

Wer schreibt hier?

Ludwig Tieck (1773-1853)

Von 1795 bis 1805 ist er der bekannteste Romantiker. Seine Novellen und Märchen finden ein großes Publikum. Und er schreibt weiter. Gegen Ende seines Lebens wird er einer der ersten Realisten Deutschlands. Viel Erfolg hat er jetzt nicht mehr, aber der preußische König liebt ihn sehr.

Er hat eine sehr bekannte Komödie (*Der gestiefelte Kater*) und viele Geschichten geschrieben (*Der blonde Eckbert*, *Der Runenberg*). Typisch ist seine Ironie, sein Spielen zwischen Fiktion und Realität. Im Kreis der Romantiker gab es mehrere sehr freie Frauen ... Er hat 1798 eine Predigerstochter geheiratet. Manche glauben: Er sei ein unehelicher Sohn Goethes.

Ernst Theodor Amadeus Hoffmann (1776-1822)

Jurist, Komponist, Schriftsteller. Hat immer Probleme mit dem Geld und trinkt viel. Die Zeiten sind aber auch schwierig. 1806 siegt Napoleon über Preußen und die Beamten der Ministerien verlieren ihre Arbeit. Hoffmann schreibt, dirigiert, gibt Musikunterricht. Von ihm gibt es Sammlungen (*Nachtstücke*) mit Geschichten wie *Der Sandmann*. Er ist ein Vertreter der „schwarzen" Romantik.

Erst mit einer Cousine verlobt, heiratet er dann 1802 eine Polin. Aber er hat mehrere Geliebte. Beim Musikunterricht verliebt er sich mehr als einmal in eine Schülerin.

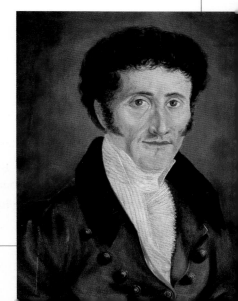

Theodor Storm (1817-1888)

Der Mann aus Husum studiert Jura und arbeitet erst als Rechtsanwalt, dann als Richter. Seine bekannteste Novelle ist *Der Schimmelreiter* (1888): Er erzählt vom Kampf der Menschen mit dem Meer. Von ihm ist auch das berühmte Gedicht *Die Stadt* über seine Heimatstadt Husum.

Verlobt war er schon einmal, aber dann heiratet er 1846 eine Cousine, von der er sieben Kinder hat. Sie stirbt 1865. Ein Jahr später heiratet er wieder. Verliebt ist er öfter, zuletzt mit über siebzig in ein sehr junges Mädchen. Aber mehr wissen wir nicht.

Arthur Schnitzler (1862-1931)

ist Arzt in Wien, aber er schreibt gern und viel. Seine Theaterstücke und Novellen wie *Reigen* verursachen oft Skandale. Kann er, darf er über Liebe so offen schreiben? Ist das nicht gegen die Moral? Er hat großen Erfolg. Und Sigmund Freud hat in ihm so etwas wie einen literarischen Doppelgänger gesehen.

Mit 21 heiratet er eine Schauspielerin: Ihr Sohn ist da schon ein Jahr alt. Andere Lieben? Sicher! 1921 lässt er sich scheiden. Die Kinder bleiben bei ihm.

Liebesgeschichte von der schönen Magelone und dem Grafen Peter von Provence

Ludwig Tieck

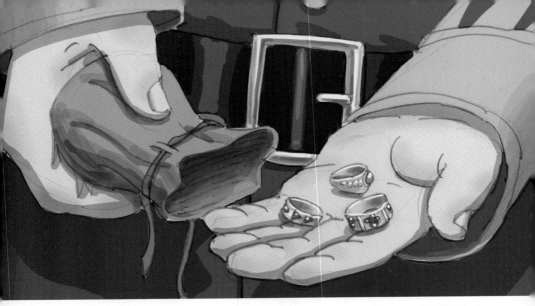

Auf dem Weg zum Glück

„Darf ich vielleicht für Sie singen?"

Der Gast des Grafen [1] von Provence hat eine Laute [2] bei sich.

„Es ist ein Lied für junge Männer", erklärt der Mann und sieht Peter an. „Das Lied heißt *In die Welt*." Er nimmt seine Laute und singt:

„*Über Berge, über Felder,*
fliegt hinaus in die weite Welt
der junge Mann, der lernen will
wie es Gott gefällt.

Mädchen und Frauen!
Liebe und Glück
muss er erfahren
und kommt erst dann zurück."

---

1. **r Graf (en)**: Aristokrat, wie ein König, nur weniger.
2. **e Laute (n)**: Musikinstrument.

Auf dem Weg zum Glück

Er singt von Turnieren [3] und von Rittern [4], von schönen Frauen und, ganz am Ende, von einem alten Mann, der seinem Sohn aus seinem Leben erzählt.

Am Abend geht Peter zu seiner Mutter: „Ich muss weg. Hinaus in die Welt!"

„Ich weiß, mein Sohn."

Sie und ihr Mann sind traurig. Aber es muss sein. Peter kann nicht in der Provence bleiben. Er muss lernen. Er muss ein Mann werden. Ein Ritter.

Seine Mutter gibt ihm einen kleinen Sack. „Das sind drei Ringe", erklärt sie ihrem Sohn. „Die gibst du dem Mädchen, das du liebst!"

Nach vielen Tagen kommt Peter nach Neapel. Das ist eine große und schöne Stadt. In seiner Herberge [5] hört er von Magelone, der schönen Tochter des Königs. Er will sie kennen lernen.

„Magelone? Junger Herr, das ...", der Wirt [6] sieht ihn an.

„Magelone ... ja, sehen Sie, morgen gibt der König ein Turnier. Für einen Gast, den Ritter Heinrich von Carpone. Da können Sie sie sehen. Auf dem Balkon." Der Wirt lacht.

„Ein Turnier? Da mache ich mit!"

Am nächsten Morgen reitet Peter zum Turnierplatz. Peter kämpft gut. Die anderen Ritter fallen vom Pferd. Einer nach dem anderen. Auch Heinrich von Carpone. Peter kämpft besser.

Der König will seinen Namen wissen.

„Den kann ich Euch nicht sagen!", antwortet Peter. „Ich bin noch niemand. Ich muss erst ein richtiger Ritter werden, dann ...", und er sieht die Prinzessin an. Sie ist wirklich sehr schön. Und jetzt wird sie rot.

---

3. **s Turnier (e)**: sportlicher Kampf.
4. **r Ritter (=)**: aristokratischer Soldat mit Pferd.
5. **e Herberge (n)**: kleines Hotel.
6. **r Wirt (e)**: Chef von Gasthaus oder Herberge.

Dem König gefällt die Antwort Peters. „Du wirst sicher ein guter Ritter! Wir sehen uns wieder!"

Zwei Wochen später gibt es wieder ein Turnier. Magelone wünscht sich so sehr, den jungen Ritter wiederzusehen. Und Peter kommt.

Wieder fällt ein Ritter nach dem anderen vom Pferd.

Dieses Mal kommt Peter zum Abendessen in den Palast. Magelone sitzt neben ihm. Sie sprechen den ganzen Abend. Sie sind ein schönes Paar. Das sagen alle. Aber wer er ist, das weiß niemand.

Die ganze Nacht geht Peter durch die Stadt. Er lacht. Er weint. Er singt. Er lacht wieder. Er denkt an Magelone. Er liebt sie. Liebt sie ihn? Er weiß es nicht. Er weiß nichts von ihr.

Es wird Tag. Er geht in die Kirche. Er ist allein. Nein! Da steht eine junge Frau am Altar. Kennt er die nicht? Natürlich! Er geht zu ihr:

„Sie sind die Dienerin[7] von Prinzessin Magelone!"

„Ja, das bin ich. Und Sie sind der Ritter ohne Namen!"

„Ja ..."

„Die Prinzessin möchte gern Ihren Namen wissen."

„Das verstehe ich. Aber ich kann ihr meinen Namen nicht sagen. Noch nicht. Ich bin aus einer alten Familie von Rittern, die man im ganzen Land kennt. Aber ich ... Moment! Bitte, geben Sie ihr das hier!" Er nimmt einen der drei Ringe aus der Tasche. Er nimmt ein Stück Papier und schreibt etwas.

„Gut. Das will ich der Prinzessin geben", sagt die Dienerin und geht fort. Sie bringt Magelone den Ring und das Stück Papier.

„In Liebe!", steht da. Magelone liest und wird rot. Sie nimmt den Ring und steckt ihn in ein kleines rotes Säcklein[8].

„Er liebt mich auch!", sagt sie zu ihrer Dienerin.

---

7.   **r/e Diener/in** (=/nen): hilft für Geld im Haus.
8.   **s Säcklein** (=): kleiner Sack.

„Herrin! Sie wissen nichts von ihm!"

„Doch! Er ist schön! Er ist ein guter Ritter! Er ist ein guter Mensch!" Dann gibt sie ihr einen Brief. „Den bringst du ihm morgen!"

Am nächsten Morgen geht die Dienerin wieder in die Kirche.

Peter ist schon da. Die Dienerin gibt ihm den Brief. Er liest ihn schnell. Ein langer Brief voll süßer Worte, ein Liebesbrief.

„Ich muss sie sehen! Wo kann ich sie treffen? Bitte! Dann will ich ihr alles sagen!"

„Gut. Kommen Sie morgen Nachmittag in den Palastgarten!"

„Ich komme! Und bringen Sie ihr das hier!" Er gibt ihr den zweiten Ring.

Mittagszeit. Magelone wartet schon im Garten.

Da kommt er endlich.

„Magelone!" Groß und blond steht er vor ihr.

„Das ist für dich!" Er gibt ihr den dritten Ring. Es ist der schönste von den drei Ringen seiner Mutter.

„Oh, ist der schön! Danke! Aber ... Sagst du mir jetzt deinen Namen?", fragt sie.

Er nimmt sie in den Arm. Er küsst sie. Dann erzählt er ihr alles.

Unter Küssen und Erzählungen wird es bald dunkel. Sie muss gehen. Aber sie will nicht.

„Peter", sagt sie, „es gibt da eine Sache ..."

„Was?"

„Ich soll einen Königssohn heiraten ... mein Vater ..."

„Du heiratest mich!"

„Ja, Peter, das will ich auch, aber mein Vater ..."

„Dann müssen wir weggehen. Am besten heute noch!"

„Weggehen? Aber wohin?"

„Erst in ein fremdes Land. Da heiraten wir. Dann zu meinen

Auf dem Weg zum Glück

Eltern! Heute Nacht um ein Uhr warte ich hier am Garten auf dich. Ein Pferd bringe ich mit."

„Gut. Ich komme!"

Schnell läuft sie in den Palast. Sie darf niemandem etwas von Peter sagen.

Nach Mitternacht geht sie aus dem Palast. Dort schlafen jetzt alle. Vor dem Garten steht Peter mit den Pferden.

Sie reiten die ganze Nacht. Sie reiten durch Wälder. Es ist sehr dunkel. Aber Magelone hat keine Angst. Peter ist bei ihr. Dann hören sie die Vögel singen. Die Sonne geht auf. Es wird Tag. Sie machen keine Pause. Sie reiten weiter.

Da hört sie etwas. „Peter! Wir sind am Meer!"

„Ja, hier treffen wir niemanden. Hier sind wir sicher!"

Magelone ist jetzt doch müde. Sie halten an und steigen ab. Magelone legt sich unter einem Baum ins Gras und schläft bald ein. Peter sieht sie an. Er ist glücklich. Wie schön sie ist! Aber was hat sie da auf der Brust? Ein kleines rotes Säcklein. Peter nimmt es in die Hand. Was kann sie in dem Säcklein haben? Es sind die drei Ringe! Er legt es wieder auf ihre Brust. In diesem Moment kommt ein großer schwarzer Rabe [9] und nimmt das Säcklein mit. Peter läuft hinter dem Raben her in den Wald, bis zum Strand. Der Rabe fliegt übers Meer und setzt sich auf eine Klippe. Noch immer hat er das Säcklein im Schnabel [10]. „Wie soll ich zu dem Raben kommen?", fragt sich Peter. Die Klippe ist zu weit weg. Peter nimmt einen Stein. Der Stein fliegt ... der Rabe fliegt weg. Das Säcklein lässt er ins Wasser fallen. Da schwimmt es. Peter kann es sehen. Aber wie soll er es wiederbekommen?

---

9. r Rabe (n): schwarzer Vogel.
10. r Schnabel (¨): Menschen haben einen Mund, Vögel einen Schnabel.

Was steht **im Text?**

Textverständnis

1 Wer ist wer? Verbinde.

1 ☐ Peter
2 ☐ Peters Mutter
3 ☐ Magelone
4 ☐ Dienerin

a sie hilft Magelone.

b die Tochter eines Königs.

c der Sohn des Grafen von Provence

d die Frau des Grafen von Provence

2 Stationen. Peter macht zwei Reisen. Wo ist er erst, wo ist er dann? Nummeriere.

a ☐ Am Strand.
b ☐ Im Wald.
c ☐ Vor dem Palast des König auf einem Turnier.
d ☐ In der Kirche.
e ☐ In Magelones Garten.
f ☐ Mit Magelone unter einem Baum.
g ☐ In der Provence.
h ☐ In Neapel.

3 Die drei Ringe. Wo sind sie erst, wo sind sie dann. Nummeriere.

a ☐ Auf dem Meer.
b ☐ Peters Mutter hat sie.
c ☐ Magelone trägt sie bei sich.
d ☐ Peter hat sie.

4 **Was ist richtig?**

1 Peter reitet in die Welt,
   a ☐ denn er will reich werden.
   b ☐ denn er will die Welt kennen lernen.
   c ☐ denn er sucht seine Eltern.

2 Seine Mutter gibt ihm drei Ringe:
   a ☐ Er sind die drei Ringe Salomons.
   b ☐ Er soll sie verkaufen und hat dann viel Geld.
   c ☐ Er soll sie dem Mädchen geben, das er liebt.

3 Magelones Vater
   a ☐ freut sich über die Liebe seiner Tochter zu Peter.
   b ☐ darf von Magelones Liebe nichts wissen, denn sie soll einen Königssohn heiraten.
   c ☐ darf von Magelones Liebe nichts wissen, denn sie soll allein bleiben.

4 Magelone
   a ☐ liebt Peter und will mit ihm aus Neapel weg.
   b ☐ liebt Peter und bleibt, wo sie ist.
   c ☐ liebt Peter und heiratet einen Königssohn

Grammatik

5 **Setze die passende Verbform ein.**

1 *können*: Er .... heute nicht kommen.
2 *wollen*: Ich .... mit dir ins Kino gehen.
3 *sehen*: Du .... nicht gut.
4 *schenken*: Was .... du mir?
5 *geben*: Was .... es heute zu essen?
6 *dürfen*: Ich .... nicht mit dir sprechen.
7 *tragen*: Was .... du da?
8 *tanzen*: Er .... nicht so gut.
9 *sprechen*: .... du Japanisch?
10 *müssen*: Sie .... mehr lernen.

6 Wie heißt der Imperativ (im Singular).

1 *(kommen)* .... bitte in die Schule!

2 *(aufräumen)* .... bitte den Keller ....

3 *(essen)* .... nicht so viel!

4 *(schlafen)* .... jetzt endlich!

5 *(geben)* .... mir dein Geld!

6 *(tragen)* .... mir die Tasche ins Büro!

7 *(gehen)* .... sofort nach Hause!

8 *(nehmen)* .... doch noch ein Stück Schokolade!

Wortschatz

7 Welches Wort passt wo?

> **Diener — König — Herberge — Rabe —
> Ritter — Schnabel — Stein — Wirt**

1 In unserem Palast arbeiten viele .... für uns.

2 Der .... sagt, wir sollen das Essen bezahlen.

3 Ein .... muss ein Pferd haben.

4 Vögel haben einen ....

5 Ein Haus kann man aus Holz bauen oder aus ....

6 In einer .... kann man für wenig Geld übernachten.

7 Im Schnee kannst du einen schwarzen .... gut sehen.

8 Ein .... regiert eine Monarchie.

8 Das sagen die Deutschen. Aber was soll das heißen? Verbinde! Zwei Übersetzungen passen nicht.

1 ☐ Ich bin nicht dein Diener!

2 ☐ Halt den Schnabel!

3 ☐ Wer nichts wird, wird Wirt.

4 ☐ Da sehe ich schwarz.

a   Ich sehe sehr schlecht.

b   Wenn einer keinen Beruf lernt, wird er Wirt.

c   Mach deine Sachen (waschen, kochen, einkaufen) doch selbst.

d   Ich bin da pessimistisch.

e   Sprich nicht mehr! Sei still!

f   Du bist nicht der König.

Schreib's auf

9 Die Liebe: Er oder sie ist nicht schön, nicht besonders nett, vielleicht intelligent? Aber etwas (dein Herz?) sagt dir, er oder sie ist der oder die Richtige. Bist du nicht ganz sicher? Doch, doch... aber du schreibst ihm/ihr lieber einen Brief. Was schreibst du? Was gefällt dir an ihm oder an ihr? Was machst du gern mit ihm oder mit ihr zusammen? Gibt es vielleicht auch Probleme? Gefällt er oder sie deinen Freunden nicht, oder deinen Eltern? Schreib auch über Probleme und was ihr dagegen tun könnt.

Sprich dich aus

10 Im Leben: Die Liebeserklärung. Du liebst ein Mädchen, einen Jungen, einen Fernsehstar, einen Hund, ein Haus oder eine Stadt, den Mond oder dein Land oder ein Auto... Warum? Wie sehr? Gib eine Liebeserklärung ab!

Hörverständnis

11 Rainer fragt vier Mädchen: Liebst du mich? Bei einer hat er Erfolg. Bei welcher?

a ☐ Ursula   c ☐ Esmeralda
b ☐ Claudine   d ☐ Gudrun

12 Beantworte auch noch diese Fragen.

1   Wer wird vielleicht Gräfin?

2   Wer geht gern mit Rainer ins Kino?

3   Wer ist viel größer als Rainer?

4   Wer findet Rainer intelligent?

Weit und nah

Und jetzt? Da hinten liegt ein altes Boot[1]. Damit fährt er aufs Meer. Schon ist er dem roten Säckchen sehr nah.

Da kommt Wind auf. Das Boot fährt aufs Meer hinaus. Immer weiter. Es geht sehr schnell. Schon kann Peter das Land nicht mehr sehen. „Wie soll ich zu Magelone zurückkommen?", denkt er nur.

Es wird dunkel auf dem Meer. Nur der Mond ist zu sehen. „Liebste! Oh Liebste! Gestern gefunden, heute allein!"

Am nächsten Morgen schwimmt das Boot mitten auf dem Meer. Da kommt ein Schiff! Es kommt schnell näher. Es sind Piraten. So einen schönen blonden jungen Mann haben sie noch nie gesehen. Sie sind sehr nett zu Peter. Nach zwei Wochen kommen sie an eine Küste. Dort bringen sie Peter zum Markt. „Heute kommt der Sultan!", wissen sie.

1. **s Boot (e):** schwimmt auf dem Wasser, ist kleiner als ein Schiff.

Weit und nah

Der Sultan will Peter in seinem Palast haben. „So einen blonden Sklaven hat keiner!", sagt er und bezahlt die Piraten gut.

Peter muss abends das Essen servieren und am Tag im Garten arbeiten. Er führt kein schlechtes Leben, aber er denkt immer an Magelone.

Magelone wacht auf. Sie läuft durch den Wald. „Peter!", ruft sie immer wieder. Nichts. Was soll sie tun? Sie kann nicht zu ihrem Vater zurück. Der ist sicher sehr böse. Wohin soll sie gehen? Sie steigt [2] auf einen Baum. Nichts. Nur Wälder und Felder und das Meer. Aber was soll sie da? Sie steigt vom Baum herunter. Mit Erde macht sie ihre Haare schwarz und ihre Kleidung schmutzig. Dann nimmt sie ihr Pferd und reitet übers Land. Immer weiter. Tagelang sieht sie nur Wälder. Da kommt sie endlich auf eine Wiese [3]. Sie sieht Blumen. Die Vögel singen. Hier wird Magelone endlich wieder ruhig. Da sind auch Schafe [4]! Und ein kleines Haus. Ein alter Mann kommt vor die Tür. „Guten Tag, junge Frau! Schön, Sie hier zu sehen". Endlich hat Magelone einen Platz zum Schlafen und ein Zuhause.

Der Sultan mag Peter sehr. Der ist nicht nur schön, sondern auch nett und arbeitet gut. Auch seine Tochter Sulima mag ihn. Sie ist auch sehr schön und sehr nett. Er denkt noch oft an Magelone, aber die ist weit weg. Vielleicht ist sie tot. Was soll er tun? Diese schöne Prinzessin ... gefällt ihm auch. Eines Tages nimmt sie seine Hand und sagt: „Peter! Ich liebe dich und will immer mit dir zusammen sein. Aber mein Vater sagt, ich soll den Sohn des Kalifen heiraten. Ich will hier weg, Peter! Mit dir!"

2. **steigen:** nach oben gehen.
3. **e Wiese (n):** Stück Erde mit Gras.
4. **s Schaf (e):** macht „mäh" und gibt Wolle.

„Oh, Prinzessin! Ihr Vater ist so gut zu mir. Ich kann doch nicht ... und wie? Er hat so große Macht [5] über das ganze Land."

„Mach dir keine Gedanken! Unser Schiff liegt schon im Hafen. Morgen früh können wir zusammen fahren.

„Oh, Prinzessin! Sulima! Sehr gern!

„Liebster! Also morgen früh fahren wir zusammen!" Sie gibt ihm noch einen Kuss und läuft zurück in den Palast.

Peter geht allein durch den Park. Was soll er tun? Er liebt Magelone immer noch. Aber sie ist vielleicht tot. „Ich sehe sie nie wieder!", sagt sich Peter und muss weinen. „Magelone! Die Liebe meines Lebens!"

Er setzt sich an den Strand. Da liegt das Schiff. Die Tochter des Sultans ist sehr schön und er mag sie sehr. Aber Liebe ... ist etwas anderes. Er kann nicht mit ihr wegfahren. Muss er es ihr nicht sagen? Das kann er nicht. Er steht auf und sieht aufs Meer. „Magelone, wo bist du?" Er muss sie suchen. Er springt aufs Schiff. Los!

Der Weg ist weit. Tagelang sehen die Männer nichts als Meer. Dann endlich eine Insel. „Wir brauchen Trinkwasser!", sagt der Kapitän. Peter geht mit einer Gruppe an Land. Er geht auf der Insel spazieren. Menschen wohnen dort nicht. „Wie schön es hier ist!" Hier möchte er gern mit Magelone leben. Er legt sich unter eine Palme und träumt ein bisschen. Viel später macht er die Augen wieder auf. Wo sind die anderen? Peter läuft über die Insel. Niemand mehr da. Das Schiff ist weg. Er ist allein auf der Insel. „Nie sehe ich sie wieder!"

Peters Eltern warten schon lange auf ihren Sohn. Lebt er noch? Eines Tages bringt ein Fischer ein kleines rotes Säcklein mit drei Ringen zu Peters Mutter. „Das sind die drei Ringe!", sagt die Mutter und läuft zum Grafen. „Peter lebt! Jetzt bin ich ganz sicher!"

Peter liegt am Strand seiner Insel. Er will nicht mehr leben.

---

5.   **e Macht** (=): e Kontrolle (politisch).

Ohne Liebe? Warum? Er liegt dort wie tot. Das Fischerboot am Horizont sieht er nicht. Die Fischer sehen ihn. Sie legen ihn auf ihr Boot und fahren an Land. Es ist nicht weit von der Insel.

Langsam kommt Peter wieder zu sich. „Wir bringen dich an Land", sagen ihm die Fischer. „Aber wir haben keine Zeit für dich. An Land gehst du dann in den Wald, den Weg entlang, bis du auf eine Wiese kommst. Da wohnt ein Schäfer mit seiner Frau. Bei dem kannst du wohnen, da wirst du wieder gesund."

Er dankt den Fischern und geht in den Wald. Dann sieht er die Wiese. Blaue und rote und weiße Blumen. Auf der Wiese steht ein kleines Haus. Vor dem Haus sitzt ein junges Mädchen und singt.

„Hallo, fremder Mann!" Das Mädchen steht auf und bringt ihm Brot und Wasser.

Etwas später kommen der Schäfer und seine Frau. „Willkommen, junger Mann! Komm ins Haus!" Sie gehen hinein. Das Mädchen geht allein auf der Wiese spazieren. Was soll sie tun? „Es ist Peter", weiß sie. Peter, der sie verlassen hat.

Am nächsten Tag ist sie wieder mit Peter allein. Sie singt. „Sie singen sehr schön", sagt er. Dann erzählt er ihr von seiner Liebe, seiner Fahrt übers Meer und seiner Zeit beim Sultan und von seiner Traurigkeit. Sie steht auf und geht in ihr Zimmer. Sie wäscht sich und zieht ihr elegantes Kleid an. Dann geht sie zu ihm. Er sieht das Mädchen an: So elegant, mit ihrem langen blonden Haar, das ist … sie ist Magelone. „Du?" Er nimmt sie in den Arm: „Endlich!"

Als erstes fahren sie zu seinen Eltern. Sie schreibt ihrem Vater. Der ist auch glücklich: Seine Tochter lebt! Und sie hat einen guten Ritter geheiratet! Er lässt da, wo das Schäferhaus steht, einen Sommerpalast für die beiden bauen. Vor den Palast pflanzen sie einen Baum. „Wie die Liebe, die dauert."

Was steht **im Text?**

Textverständnis

1 **Stationen. Wo ist Peter erst? Wo ist er dann?**

a ☐ Im Palast eines Sultans.
b ☐ Allein auf einer Insel.
c ☐ Im Haus eines Schäfers.
d ☐ Auf einem Fischerboot.
e ☐ Auf einem Piratenschiff.

2 **Was fühlt Peter für wen? Verbinde.**

1 ☐ Sulima.
2 ☐ Magelone.
3 ☐ Die Fischer.

a Liebe.
b Er mag sie und findet sie schön.
c Dankbarkeit.

3 **Warum? Finde die passende Antwort (zwei passen nicht).**

1 ☐ Warum erkennt er Magelone nicht sofort?
2 ☐ Warum sagt Magelone ihm nicht sofort, wer sie ist?
3 ☐ Warum will er nicht mit Sulima wegfahren?
4 ☐ Warum bleibt er nicht bei den Fischern?

a Sie haben keine Zeit für ihn und die Idee, zum Schäfer zu gehen, gefällt ihm.
b Sie ist alt und hässlich geworden und interessiert ihn nicht mehr.
c Sie ist sehr schmutzig und man sieht ihre Haare nicht. Sie ist auch wie eine Schäferin gekleidet.
d Er denkt immer noch an Magelone.
e Sie denkt, er hat sie verlassen und liebt sie nicht mehr.
f Er liebt die Tochter des Sultans mehr als sie.

4 **Was ist richtig?**

		R	F
1	Peter fährt mit den Piraten zurück nach Hause.	☐	☐
2	Der Sultan mag Peter sehr.	☐	☐
3	Die Tochter des Sultans will mit Peter wegfahren.	☐	☐
4	Peter fährt mit dem Schiff zu seinen Eltern.	☐	☐
5	Der König von Neapel will Peter töten lassen.	☐	☐
6	Magelone wohnt bis zu ihrem Tod bei den Schäfern.	☐	☐

Grammatik

5 **Setze die folgenden Sätze ins Präteritum.**

1 Er ist sehr schön.
2 Seid ihr alle da?
3 Hat er Geld bei sich?
4 Wo ist sie heute?
5 Habt ihr mein Auto?
6 Haben Sie Ihre Papiere bei sich?
7 Wo sind Sie schon wieder?
8 Wir haben keine Zeit zum Lernen.

6 **Setze die folgenden Sätze ins Präsens.**

1 Er ist durch den Wald geritten.
2 Sie hat ihn sehr geliebt.
3 Sie hat ihm ein Buch gekauft.
4 Wir sind in der Stadt gewesen.
5 Er hat sie auf den Mund geküsst.
6 Sie hat ihm in die Augen gesehen.
7 Wir sind durch Asien gereist.
8 Er ist nach Moskau geflogen.

Wortschatz

7 **Fahr- und Flugzeuge. Was passt?**

> **Boot – Fähre – Fahrrad – Flugzeug – Pferd –
> Schiff – Straßenbahn – Zug**

1 Er fährt am Sonntag mit seiner Freundin auf dem See im Stadtpark
....

2 Über den Kanal fahren wir mit der ....

3 In den Ferien fahren wir mit dem .... durchs Mittelmeer.

4 Von Köln nach Wladiwostok? Da nehme ich das ....

5 Hier in der Stadt fahre ich gern mit dem ....

6 Bei Regen nehme ich aber doch auch in der Stadt lieber die
....

7 Der Ritter reitet auf seinem .... in den Wald.

8 Von Frankfurt nach Köln? Da nehmen wir den ....

8 Welches Verb passt?

> **fahren — fliegen — gehen — nehmen — reiten — rudern**

1 Sie .... immer den Zug um sechs Uhr.

2 Das Flugzeug .... um Viertel nach acht.

3 Wir .... heute zu Fuß in die Schule.

4 Er .... auf seinem neuen Pferd nach Münster.

5 Was für ein Auto .... du denn jetzt?

6 Er ...., sie sitzt im Boot und singt.

Sprich dich aus

9 Du wartest auf deinen Freund/deine Freundin. Er/Sie kommt nicht.
Oder er oder sie kommt mit Verspätung. Was sagts du ... nach zehn
Minuten? ... nach einer halben Stunde?... nach einer Stunde? ... nach
zwei oder drei Stunden? ... nach einem halben Tag? ... nach einem
ganzen Tag? ... nach einer Woche? ... nach einem Jahr?

Schreib's auf

10 Die Anklage. Sulima wacht morgens auf und läuft zum Hafen. Das
Schiff ist weg. Peter ist auch weg. Was tut sie? Sie geht in ihr Zimmer
und weint. Und dann? Schreibt sie Peter einen Brief. Sie will ....

Liebesgeschichten

Der Taugenichts mit seiner Geliebten.

In der deutschen Tradition gibt es viele Liebesgeschichten, vor allem in Volksliedern. Jemand muss weggehen und ist traurig (*„Muss i denn .. zum Städele hinaus"* – er muss aus der Stadt und die Geliebte bleibt dort) oder zwei Liebende kommen nicht zusammen, wie in dem Lied *Zwei Königskinder*, in dem der Königssohn ertrinkt (*„Es waren zwei Königskinder/ die hatten einander so lieb/ die konnten zusammen nicht kommen/ das Wasser war viel zu tief"*). Es gibt auch moderne (Gothic) Versionen von dem Lied, denn die Geschichte ist sehr traurig und sehr schön.

Ganz selten haben auch klassische literarische Erzählungen ein „Happy End". Nur in der Spätromantik, etwa in *Aus dem Leben eines Taugenichts* von Joseph von Eichendorff (1788-1845) ist am Ende „alles, alles gut". Der junge Werther in Goethes Briefroman *Die Leiden des jungen Werthers* (1774) bekommt die geliebte Charlotte nicht, die heiratet lieber einen ordentlichen und etwas langweiligen Mann, der jeden Monat sein Geld auf dem Konto hat, als den jungen Poeten. Was tut der? Er erschießt sich. Das ist nicht nett von ihm und sicher übertrieben: So toll war diese Charlotte

Faust will Gretchen retten aber sie akzeptiert das Todesurteil
als Urteil des Himmels.

auch wieder nicht. Es gab sicher Tausende von solchen braven,
hübschen Mädchen vom Lande. Ganz anders die Lucinde (1799) im
gleichnamigen Roman Friedrich Schlegels. Die ist eine Künsterlin!
Und vielleicht die erste Geliebte in der deutschen Literatur, die ihrem
Freund eine Partnerin ist, auch intellektuell – so wie es viele Frauen in
der Romantik gewesen sind, zum Beispiel Karoline von Günderrode
(1780-1806) und Bettina von Arnim (1785-1859). Lucinde hat auch
kein tragisches Ende: Sie und ihr Geliebter stehen am Fenster und
sprechen über Liebe.

Anders als die Romantiker will Heinrich Faust, der Wissenschaftler
und Philosoph, wie Goethe in seinem Drama *Faust* (1808) erzählt,
keine moderne Frau, sondern ein einfaches Mädchen, das an Gott
glaubt und keine anderen Männer hat. Gebildet und kompliziert ist er
selbst, sie soll naiv und einfach sein. Er ist – mit Hilfe seines Partners
Mephistopheles – eine Nacht mit ihr zusammen und lässt sie dann
allein. Die Folgen: Ihrer Mutter hatte sie ein Schlafmittel gegeben,
das leider zu stark war: Die Mutter ist tot; ihr Bruder hat Faust aus
Gretchens Zimmer kommen sehen und sich mit ihm duelliert: Er

ist auch tot; Gretchen bekommt ein Kind, aber sie tötet es nach der Geburt; die Polizei holt Gretchen: Sie muss auch sterben. Faust will sie noch aus dem Gefängnis holen, aber sie akzeptiert ihren Tod als Strafe. Dafür kommt sie in den Himmel.

Es geht aber auch anders herum: *Der Hofmeister* (1774) im Drama von Lenz (1751-1792) hat eine Liebesgeschichte mit seiner adligen Schülerin. Das geht nicht: Er hat studiert, aber er ist nur ein Bürger. Er verliert seine Arbeit und ... was folgt, ist sehr dramatisch.

Also, wie ist das? Die Leute aus dem Volk müssen Leute aus dem Volk lieben, die Reichen lieben andere Reiche, dann heiraten sie und alle sind glücklich? Und wie ist das heute? Im Kino erzählt man uns: Es geht auch anders, eine arme Frau von der Straße heiratet einen Millionär und eine Schauspielerin heiratet einen Adligen[1] ... . Aber gibt es das wirklich? Auch bei perfetken Paaren gibt es nicht immer ein gutes Ende, wie im Lied oben: *„Es waren zwei Königskinder ..."*.

1 **Was ist von wem und von wann? Verbinde.**

Eichendorff	☐ ☐	1	*Faust*
Goethe	☐ ☐	2	*Lucinde*
Schlegel	☐ ☐	3	*Die Leiden des jungen Werthers*
Lenz	☐ ☐	4	*Der Hofmeister*
		5	*Aus dem Leben eines Taugenichts.*

a Achtzehntes Jahrhundert
b Neunzehntes Jahhundert
c Zwanzigstes Jahundert

2 **Welche Liebesgeschichten enden gut?**

a ☐ Leben eines Taugenichts   c ☐ Hofmeister
b ☐ Faust   d ☐ Werther

1. **adlig**: aristokratisch.

Der Magnetiseur

E.T.A. Hoffmann

Geheimnisvolles

„Träume sind Schäume!", sagt der alte Baron und will aufstehen. „Es ist spät!"

Aber dann bleibt er doch sitzen. „Als junger Mann, ja da hatte ich manchmal seltsame[1] Träume ... ja, ja ..."

„Ach Papa!", antwortet Ottmar: „Träume ... wir wissen doch: Es gibt etwas Geheimnisvolles[2] hinter unserem Leben und unseren Träumen, und das ..."

„Papperlapapp[3]! Träume sind Schäume!", sagt der Baron wieder.

„Warum nicht? Das ist sehr poetisch!", findet Ottmar.

„Was ist denn da wieder poetisch, lieber Bruder?", lacht Maria.

„Schaum! Denk an Champagner! Wie das perlt und schäumt!

---

1. **seltsam**: nicht normal.
2. **geheimnisvoll**: mysteriös.
3. **Papperlapapp**: Worte ohne Sinn.

Geheimnisvolles

Tausend kleine Perlen ... und oben der Schaum ... alle zusammen, ganz ohne alle Materie, der Geist kommt aus dem nichts, kommt nach oben, wie der Traum, im Schlaf, aus dem nichts ... und wir sehen den Geist ..."

„Papperlappap!" Der Baron will nichts von Geist und Geistern hören. „Du sprichst schon wie dein Freund Alban! Dieser Enthusiasmus für alles Geheimnisvolle! Und Träume sind oft nicht schön ... oft sind sie schrecklich! Heute ist der neunte September, und da ... wisst ihr ... träume ich immer von unserem Major ..."

„Von Ihrem Major, Herr Baron? Erzählen Sie!" Jetzt wollen alle drei die Erzählung des Barons hören, auch Herr Bickert, der Maler, der bei der Familie des Barons im Haus wohnt.

„Ach! Das war vor vielen Jahren. Ich war auf der Militärakademie. Einer unserer Lehrer war ein Major. Er war sehr streng, aber wir liebten ihn sehr. Man erzählte: Er war lange Zeit bei der dänischen Armee gewesen, hatte da aber ein Duell mit einen General ... und war zu uns nach Preußen gekommen. Es gab nun Tage, da ging er in dänischer Uniform im Park spazieren und sprach mit sich selbst. Dann hielten wir Abstand[4] von ihm. Dann hatten wir Angst vor ihm. Und dann ... eines Nachts, da träumte ich von ihm. Er sah mich mit seinen schwarzen Augen an. In der Hand hatte er ein Messer. Er wollte mich töten! Da — wachte ich auf. Die Luft war schlecht. Ich stand auf und machte das Fenster auf. Da sah ich den Major im Dunkeln in seiner dänischen Uniform in den Park gehen. Was wollte er nachts im Park? Ich lief zum Zimmer unseres Direktors, eines netten alten Mannes. Der hatte die Haustür zuschlagen hören. „Du denkst, der Major braucht Hilfe?", fragte er mich. Dann lief er schon aus dem Zimmer.

4. r Abstand (¨e): Distanz.
5. klopfen: „tock tock" machen.

Vor der Tür des Majors blieb er stehen und klopfte [5]. Nichts. Die Tür war verschlossen [6]. Von innen. „Major!", der Direktor rief und klopfte. Immer wieder. Nichts. Dann brachen drei Soldaten die Tür auf. Da lag der Major mit offenen Augen. Alles war voll Blut! Er war tot!"

„Und Sie hatten ihn in den Park gehen sehen?", fragt Herr Bickert.

„Ja. Ich habe ihn gesehen. Im Mondlicht. Und er war tot."

„Siehst du ... und der Traum ...", sagt Ottmar.

„Was ist mit dem Traum?"

„Es gibt eine Verbindung zwischen Leben und Traum!"

Der Baron antwortet nicht.

„Ich will euch etwas erzählen", sagt jetzt Ottmar. „Dann versteht ihr mich besser ... unser Freund Alban — "

„Ach, der!", der Baron ist nicht begeistert. Aber Ottmar erzählt weiter: „hatte in Jena einen Studienfreund, Theobald. Der liebte seit Kindertagen ein Mädchen, das in seiner Heimatstadt lebte, und sie liebte ihn auch. Theobald musste noch ein Jahr in Jena studieren. Dann wollte er nach Hause und das Mädchen heiraten. Aber eines Tages kam ein Brief von einem Freund des Mädchens. Sie war verrückt [7] geworden. In Ihrer Stadt hatte sie einen italienischen Soldaten kennen gelernt, der hatte ihr wochenlang Geschenke und Komplimente gemacht und war voll Leidenschaft [8] und ... sie hatte sich in ihn verliebt. Nach kurzer Zeit aber musste dieser Soldat an die Front. Sie hat dann nichts mehr von ihm gehört. Der Schmerz und die Angst waren zuviel für sie. Jede Nacht rief sie seinen Namen. Sie träumte, sah ihn lachen und dann tot in seinem

---

6. **verschlossen**: nicht offen.
7. **verrückt**: psychisch krank.
8. **e Leidenschaft (en)**: Passion.

Blut liegen. Sie weinte den ganzen Tag, wollte nichts essen und nichts trinken. Manchmal sprach ihre Mutter mit ihr von Theobald, ihrer, Jugendliebe, aber sie antwortete nur: „Theobald? Kenne ich nicht!" — Theobald, der all das gelesen hatte, ging zu Alban, seinem Freund.

„Willst du sie wieder haben?", fragte Alban ihn.

„Sie ist mein Leben!", antwortete Theobald.

„Gut. Da gibt es nur einen Weg: Magnetismus! Du musst mit ihren Träumen arbeiten!"

„Magnetimus?"

„Ja. Es gibt eine Verbindung zwischen den Menschen, und die ist magnetisch. Im Schlaf kannst du mit dieser Verbindung arbeiten ...", und Alban erklärte seinem Freund, was er tun sollte.

Zu Hause angekommen, besuchte Theobald das Mädchen. Die wollte nicht mit ihm sprechen und rief immer nur den Namen ihres italienischen Geliebten und weinte. Aber Theobald blieb bei ihr, auch spät am Abend, die ganze Nacht. Sie schlief und auch im Schlaf rief sie den Namen ihres Italieners. Theobald nahm dann ihre Hand und sagte leise und langsam seinen Namen. „Theobald"..., immer wieder. Manchmal erzählte er auch aus ihrer gemeinsamen Kinderzeit und dann sagte er wieder „Theobald" ... Das tat er viele Nächte lang. Immer seltener rief sie den anderen im Schlaf, immer öfter sagte sie jetzt erst „Theo ... Theo", dann „Theobald", dann wachte sie eines Morgens auf, sah ihn an und rief: „Theobald! Endlich bist du wieder hier!' ", und es war alles, alles gut.

Hier macht Ottmar eine kurze Pause. Die anderen sehen ihn mit großen Augen an.

„Aber ...", sagt Maria jetzt langsam, „dieses Mädchen, das ..."

Maria fällt vom Stuhl. Wie tot bleibt sie liegen.

„Maria!" Ottmar springt auf und nimmt sie in die Arme. „Maria!" Ihre Augen sind geschlossen.

„Lass nur, es ist nichts!", sagt da Alban, der in diesem Moment ins Zimmer kommt.

„Gib ihr das hier!" Er gibt Ottmar eine kleine Flasche in die Hand. „Dann leg sie ins Bett. Morgen früh um sechs wacht sie wieder auf! Ich wünsche eine gute Nacht!", und schon ist er wieder aus dem Zimmer gegangen. Ottmar trägt seine Schwester in ihr Zimmer.

Der Baron ist müde. „Sagen Sie, die Tür da ..."

„Was ist mit der Tür?", fragt Herr Bickert.

„Nicht die große da. Die kleine Tür links. Alban ist durch die kleine Tür gekommen und gegangen."

„Das ist richtig, Herr Baron."

„Diese Tür ist verschlossen."

„Was?" Herr Bickert steht auf und geht an die kleine Tür. Er will sie öffnen. Es geht nicht.

„Sie ist verschlossen, Herr Baron. Wie kann Alban ..." Man sieht, Herr Bickert bekommt Angst.

„Papperlapapp! Dumme Tricks sind das! Zirkusnummern! Ich kann den Mann nicht riechen! Früher oder später setze ich dem den Stuhl vor die Tür!"

„Aber Herr Baron, er hat Maria gesund gemacht!"

„Hat er das?"

Was steht **im Text?**

Textverständnis

1 **Wer ist wer? Verbinde.**

1 ☐ Ein Maler, der im Haus des Barons wohnt.
2 ☐ Der Vater von Ottmar und Maria.
3 ☐ Hatte eine Liebesgeschichte mit Theobalds Verlobter.
4 ☐ Ein Freund von Alban, der Probleme mit seiner Verlobten hat.
5 ☐ Sohn des Barons, Bruder von Maria.
6 ☐ Ein Magnetiseur, der Maria gesund machen soll.

a Alban
b Theobald
c Herr Bickert

d Der Baron
e Der italienische Offizier
f Ottmar

2 **Was ist wahr?**

1 Der Baron
  a ☐ glaubt nicht an Magnetismus und an Träume auch nicht.
  b ☐ will den Magnetiseur immer im Hause haben.
  c ☐ trinkt gern Champagner.

2 Ottmar findet
  a ☐ die Welt der Träume und des Magnetismus faszinierend.
  b ☐ glaubt nicht an Magnetismus.
  c ☐ denkt nur an seine Karriere und das Geld.

3 Der Baron erzählt
  a ☐ von einer Jugendliebe.
  b ☐ von einem Major, den man tot aufgefunden hat.
  c ☐ von seiner Karriere beim Militär.

4 Ottmar erzählt
  a ☐ von einer großen Liebe seines Freundes Alban.
  b ☐ von einem Freund Albans, der seine Freundin durch Magnetismus wiederbekommen hat.
  c ☐ von einem Major, den er in seiner Militärzeit kennen gelernt hat.

5 Maria

   a ☐ hört die Geschichte von Albans Freund und fällt bewusstlos vom Stuhl.

   b ☐ hört die Geschichte vom Major in der Militärakademie und fällt vom Stuhl.

   c ☐ fühlt sich schlecht und fällt.

Grammatik

❸ Im Deutschen nimmt man für Datumsangaben immer die Ordinalzahlen (*der erste, der siebte, der zwanzigste,...*). Der 3. 7. ist also der *dritte siebte ...* und diese Zahlen muss man deklinieren: *heute haben wir Freitag, den dreizehnten ... wir sehen uns am vierten elften.* **Schreibe das Datum aus.**

1 Wir treffen uns am (11. 12.) ....

2 Sie kennt mich seit Freitag, dem (13.) ....

3 Heute ist der (7. 8.) ....

4 Sie kommt am (6. 9.) ....

5 Der (20. 3.) .... ist ein schöner Tag.

6 Vom (25.) .... bis zum (30.) .... bin ich in Berlin.

7 Am (19. 8.) .... kann ich nicht.

8 Ab (17. 7.) .... bin ich nicht mehr hier.

Wortschatz

❹ **Die Sinne: Wie empfinden wir? Womit nehmen wir wahr? Setze das passende Verb ein.**

> ahnen — fühlen — riechen — sehen — spüren — tasten

1 Es ist dunkel. Er .... mit der Hand nach der Tasse.

2 Ich .... mich heute nicht gut.

3 Er .... nicht gut. Er wäscht sich nie.

4 Ich ....: morgen passiert etwas.

5 Es ist etwas passiert. Ich .... das.

6 Wo bist du? Ich kann dich nicht ....!

Vor dem **Lesen**

1 Was siehst du auf dem Bild auf der nächsten Seite nicht? Streiche, was nicht zu sehen ist.

1 ein Auto

2 ~~einen Hund~~

3 den Bräutigam

4 den Pfarrer

5 den Altar

6 eine Schule

7 die Braut

8 den Vater der Braut

9 eine Kirche

10 eine Messe

11 ein Abendessen

12 Hüte

13 die Zeugen

14 die Orgel

2 Was geschiet auf dem Bild?

3 Hast du einen Titel dafür?

4 Was geschieht auf dem Bild von Seite 43? Was meinst du?

1 ☐ Das Madchen ist krank. Vater und Bräutigam sind bei ihr.

2 ☐ Der Bräutigam ist weg. Vater und Bruder sind bei ihr.

3 ☐ Der Bräutigam ist tot. Vater und Bruder sind bei ihr.

4 ☐ Sie hat den falschen geheiratet.

5 Oder: ....

5 Spielt diese Szene vor oder nach der Hochzeit? Was glaubst du?

Die Hochzeit

Maria an Adelgunde

Es war so gut, nach langer Zeit wieder einen Brief von Dir zu bekommen. Und dann schreibst Du, Hyppolite, meinem geliebten Hyppolite geht es gut! Ich hatte so große Angst! Er ist schon so lange an der Front! Hoffentlich kommt er bald zurück! Dann können wir endlich heiraten!

Ich wollte auch schnell antworten, aber weißt Du, liebe Freundin, ich bin sehr krank gewesen. Ich weiß nicht, was ich gehabt habe ... etwas mit den Nerven. Ich habe oft schlecht geträumt, war immer unruhig und hatte Angst. Die Vögel vor meinem Fenster, mein Vater an meiner Tür, alles machte mir Angst. Ich konnte auch nicht lesen, nicht einmal Kinderbücher! Alle fantastischen Figuren waren für mich Ungeheuer [1]. Nur

---

1. s **Ungeheuer** (=): das Monster.

manchmal habe ich von einem guten Mann geträumt, der hat mich im Traum an der Hand genommen und mir immer geholfen. Aber am Tag war ich dann wieder so ängstlich wie immer. Und kein Arzt konnte mir helfen. Da erzählte Ottmar von einem guten Freund: „Der ist Fachmann für Nervenfragen!", sagte er. „Er arbeitet mit Magnetismus!" Mein Vater war sehr skeptisch. „Magnetismus! Das ist so eine Mode!", sagte er immer. Aber eines Tages brachte Ottmar seinen Freund Alban mit. Und — „Das gibt es nicht!", sagst Du jetzt sicher — er war der gute Mann aus meinen Träumen! Ist das nicht seltsam[2]? Ich hatte ihn schon einmal vor meiner Krankheit gesehen, er hatte Ottmar bei uns zu Hause besucht. Aber das war nur ein kurzer Besuch gewesen und ich hatte mich nicht für ihn interessiert. Und da stand er wieder vor mir und wollte mir helfen! Und — was soll ich sagen, liebe Adelgunde, er ist erst zwei Wochen hier und schon geht es mir wieder sehr gut. Wie? Alban hat eine sehr seltsame Methode. Ich lege mich aufs Bett und er hält meine Hand. Ich schlafe dann ein und er bleibt neben mir sitzen. Da sitzt er manchmal bis zum Morgen. Beim Aufwachen muss ich ihm von meinen Träumen erzählen und selbst Erklärungen für meine schlechten Träume suchen. Er sagt nichts, hält nur meine Hand und sieht mich an. Manchmal sehe ich ihn auch am Tag vor mir — eine Illusion! Ich schlafe dann ein und träume von ihm. Er ist so ein guter Mann und hat mir so viel geholfen! Du fragst jetzt vielleicht: „Und Hyppolite? Denkst du nicht mehr an ihn?" Aber, liebe Adelgunde, ich denke manchmal, erst jetzt liebe ich Hyppolite wirklich aus ganzem Herzen. Denn erst jetzt ist mein Herz wirklich frei. Und das danke ich meinem Arzt, meinem Lehrer, meinem

---

2. **seltsam**: nicht normal.

Meister Alban. Anfangs dachte ich auch: Was will der Mann von mir? Ich war skeptisch. Aber dann habe ich verstanden: Er will nur helfen, und er hilft; er ist ein guter Mann, und er tut Gutes. Ach, Adelgunde, so gern möchte ich jetzt Hyppolite und Dich in den Armen halten! Hoffentlich kommt er bald nach Hause und ... zu mir. Jeden Abend sehe ich aus dem Fenster und denke an ihn! Viele Küsse und herzliche Grüße an Eure ganze Familie!
Maria

Alban an Theobald

Oh mein Brahmane ³, so darf ich Dich doch nennen? Dein kontemplatives Leben bringt Dich doch zum Denken der Asiaten? Für mich, wie Du weißt, ist das nichts. Auch ich lebe für das eine Prinzip, das hinter und in allem steht: Gott? Wer weiß. Aber das Leben ist ein Kampf, mein Lieber, und Du mit Deiner Meditation verstehst es niemals. Gerade in den letzten Jahren ist der Kampf intensiver geworden, wie Du auch weißt. Ein Dr. Mesmer, ein Arzt, wollte dem großen Publikum die Geheimnisse unseres Lebens erklären, und jetzt wollen alle ihren Magnetiseur haben, gegen Bauchschmerzen und gegen Kopfschmerzen und gegen unglückliche Liebe. Einen von diesen Leuten habe ich kennen gelernt. Er heißt Ottmar, er ist nicht dumm und lernt schnell, aber die wirklichen Geheimnisse des Magnetismus kann er nicht verstehen. Ich finde ihn nett und spiele ein bisschen mit ihm. Manchmal erkläre ich ihm etwas über Magnetismus und er ist ganz glücklich. Und er hat eine Schwester ... ein sehr schönes Mädchen. Bei meinem ersten Besuch bei der Familie Ottmars hat sie sich nicht für mich interessiert. Dann ist sie krank geworden,

---

3. **r Brahmane(n):** hinduistischer Priester.

hatte schlechte und gute Träume: Die guten alle mit mir! Ich brauche Dir nichts zu erklären. Dann hat Ottmar mir geschrieben: Die arme kleine Schwester brauchte Hilfe! Jetzt wohne ich bei ihnen im Hause ... er und seine Schwester leben mit ihrem Vater, einem alten Baron, der nichts von Magnetismus wissen will und einem Maler, der etwas verstanden hat ... aber nichts sagt ... und jetzt geht es ihr wieder besser! Lach nicht, mein Freund! Ich halte ihre Hand und sie erzählt mir ihre Träume. Erst gab es da einen Widerstand gegen mich in ihr. Aber am Ende ... Ich möchte lachen, aber ich darf nicht. Ich bin der geheimnisvolle Meister! Ich brauche ihr nur in die Augen zu sehen und sie fällt in einen somnambulen Zustand[4] und macht, was ich ihr sage. Ich brauche noch ein bisschen Zeit. Noch denkt sie manchmal an ihren Verlobten, das ist so ein dummer Junge, der als Offizier an der Front steht. Aber nur noch selten. In ein paar Tagen habe ich sie. Dann ist sie mein!

Ottmar an den Baron

Lieber Vater! Ich hoffe, Ihre Kur in Karlsbad tut Ihnen gut. Ich freue mich schon, Sie nächste Woche wieder hier zu Hause zu haben. Ich schreibe Ihnen heute, denn es gibt gute Neuigkeiten: Hyppolite ist von der Front zurück und will morgen zu uns kommen. Seine Schwester Adelgunde kommt auch. Jetzt kann meine Schwester endlich ihren geliebten Mann heiraten! Sicher freuen Sie sich auch. Bitte kommen Sie pünktlich zurück. Dann können wir schon nächste Woche Hochzeit feiern.

4. r Zustand(¨e): Status.

Der Hochzeitstag

Heute scheint die Sonne. Hyppolite und Ottmar stehen vor der Kirche und warten.

„Ich weiß ja nicht, mein lieber Hyppolite. Alban ist gestern Abend so schnell weggefahren. Hoffentlich gibt das keine Probleme ... nur er konnte ihr helfen ... "

„Aber was denn für Probleme? Jetzt hat sie doch mich!", antwortet Hyppolite.

Da kommt Maria in ihrem weißen Kleid. Am Arm hat sie ihren Vater.

Hyppolite geht schnell in die Kirche und wartet am Altar.

Langsam gehen Maria und ihr Vater in die Kirche.

Die Orgel spielt.

„Wie schön sie ist", denkt Ottmar. „Und wie blass[5]!"

Die Zeremonie beginnt.

„Willst du, Hyppolite, Maria zur Frau nehmen?", fragt der Priester.

„Ja, ich will!"

„Willst du, Maria, Hyppolite zum Mann nehmen?"

Maria antwortet nicht. Sie sieht den Priester an und sagt nichts.

Dann fällt sie zu Boden.

Sie ist tot.

---

5. **blass**: weiß im Gesicht.

Was steht **im Text?**

Textverständnis

1 **Maria an Adelgunde. Welche Antwort passt zu welcher Frage? Zwei passen nicht.**

1 ☐ Wer ist Adelgunde?
2 ☐ Wer ist Hyppolite?
3 ☐ Wo ist Hyppolite jetzt?
4 ☐ Woher kennt Maria Alban?
5 ☐ Was hat Marias Vater über Albans Methoden gesagt?
6 ☐ Was hat sie anfangs von Alban gedacht?
7 ☐ Wie sieht sie ihn jetzt?
8 ☐ Wie geht es ihr jetzt?

a Eine Freundin von Maria.
b Als Lehrer und Meister.
c Dieser Idiot geht ihr schon lange auf die Nerven.
d Er ist an der Front.
e Er ist Soldat an der Militärakademie.
f Dieser Mann will etwas von mir, war ihr Gedanke.
g Gut.
h Er ist Soldat und Marias Verlobter.
i Er ist ein Freund ihres Bruders Ottmar.
j Er war skeptisch: Er glaubt nicht an Magnetismus.

2 **Alban an Theobald. Was schreibt Alban?**

1 ☐ Das Leben ist ein Kampf.
2 ☐ Ottmar ist ein Idiot.
3 ☐ Maria ist schön.
4 ☐ Anfangs war etwas in ihr gegen mich.
5 ☐ Aber jetzt liebe ich sie von ganzem Herzen.
6 ☐ Bald ist das Mädchen mein!
7 ☐ Ich halte ihre Hand.
8 ☐ Der Maler weiß etwas, sagt aber nichts.

3 **Das Ende. Was passiert? Nur eine Version ist richtig.**

1 ☐ Hyppolite ist wieder da und will Maria endlich heiraten. Am Hochzeitstag ist Alban nicht mehr im Haus. Ottmar macht sich Gedanken. Aber Hyppolite ist ruhig. Er wartet auf Maria. Die kommt mit ihrem Vater, dem Baron. Vor dem Altar, vom Priester befragt, sagt sie leise „ja".

2 ☐ Hyppolite ist wieder da und will Maria endlich heiraten. Am Hochzeitstag ist Alban nicht mehr im Haus. Ottmar macht sich Gedanken. Aber Hyppolite ist ruhig. Er wartet auf Maria. Die kommt mit ihrem Vater, dem Baron. Vor dem Altar, vom Priester befragt, fällt sie tot um.

3 ☐ Hyppolite ist wieder da und will Maria endlich heiraten. Am Hochzeitstag ist Alban nicht mehr im Haus. Ottmar macht sich Gedanken. Aber Hyppolite ist ruhig. Er wartet auf Maria. Die kommt mit ihrem Vater, dem Maler. Vor dem Altar, vom Priester befragt, fällt sie tot um.

4 ☐ Hyppolite ist wieder da und will Maria endlich heiraten. Am Hochzeitstag ist Alban noch im Haus. Ottmar macht sich Gedanken. Aber Hyppolite ist ruhig. Er wartet auf Maria. Die kommt mit ihrem Vater, dem Baron. Vor dem Altar, vom Priester befragt, sagt sie leise „ja".

Grammatik

4 **Das Präteritum. Welche Form passt zu welchem Infinitiv? Verbinde**

1	☐ war		a	aufstehen
2	☐ stand auf		b	gehen
3	☐ ging		c	stehen
4	☐ stand		d	sprechen
5	☐ sprach		e	kommen
6	☐ sah		f	riechen
7	☐ kam		g	sehen
8	☐ roch		h	sein

5 Das Präteritum. Setze die folgenden Sätze ins Präsens.

1 Ich kam aus England.
2 Sie sahen mich nicht.
3 Er roch nach Vanille.
4 Sie stand um elf Uhr auf.
5 Er ging jeden Abend aus.
6 Wir sprachen nie mit dir.
7 Sie schlief abends oft allein.
8 So etwas kam manchmal vor.

Wortschatz

6 Welches Verb passt?

anschließen — bauen — kochen — nähen — schneiden — schreiben

1 Er .... einen Roman über seine Zeit in Deutschland.
2 Mein Onkel will mir zu Weihnachten ein neues Kleid ....
3 Er .... ein Einfamilienhaus im Grünen.
4 Was soll ich für heute Abend ....? Du hast sicher Hunger.
5 Können Sie mir bitte die Haare ....? Ich will so eine Frisur wie die Frau des Präsidenten.
6 Wir haben noch kein Wasser in der neuen Wohnung. Sie müssen das noch ....

7 Wer macht was? Verbinde.

1 ☐ Beamte/Beamtin   a bringt die Haare in Ordnung.
2 ☐ Friseur/in   b schließt Heizung und Wasser an.
3 ☐ Klempner/in   c macht Möbel aus Holz.
4 ☐ Koch/Köchin   d baut Häuser.
5 ☐ Maurer/in   e schreibt Bücher.
6 ☐ Schneider/in   f sitzt im Büro und bearbeitet Akten
7 ☐ Schriftsteller/in   g macht das Essen.
8 ☐ Tischler/in   h näht Kleidung.
9 ☐ Maler/in   i schreibt Symphonien.
10 ☐ Komponist/in   j malt Bilder.

KULTUR und LANDESKUNDE

Mama geht auf Kur ...

Menschen werden müde. Nicht nur Leute, die in der Fabrik oder im Büro arbeiten, sondern auch, wer Hausabeit macht und sich um Kinder kümmert. Oder nach einer Krankheit braucht man ein bisschen Zeit, um wieder richtig arbeiten zu können. Was dann? Dann macht man eine Kur ... ein paar Wochen in einer Kurklinik: gesundes Essen, ein bisschen Gymnastik, ärztliche Kontrolle ... Die Krankenkasse in Deutschland gibt etwas Geld dazu ... das ist Prävention. Aber wohin fährt man? Zum Beispiel in eine der Städte, die im Namen ein "Bad" führen: Bad Salzuflen, Bad Doberan oder Baden-Baden. Es gibt viele historische Badeorte.

8 **Was ist richtig? Manchmal mehr als eine Antwort**

1 Wer macht eine Kur?
   a ☐ Wer sehr krank ist.
   b ☐ Wer kank gewesen und noch nicht wieder ganz gesund ist.
   c ☐ Wer immer schwach ist und eine Pause braucht, weil er sonst krank wird.

2 Wo macht man eine Kur?
   a ☐ An einem Badeort am Meer.
   b ☐ An einem Kurort.
   c ☐ In einem Krankenhaus in einer Stadt.

3 Wie lange dauert eine Kur?
   a ☐ Einige Wochen.
   b ☐ Fünf oder sechs Monate.
   c ☐ Auch Jahre.

Tristan und Isolde trinken den Liebestrank.

Geheimnisvolle Liebe

Von geheimnisvoller Liebe hat man schon immer erzählt. Eine der berühmtesten Geschichten aller Zeiten ist *Tristan und Isolde*[1].

König Marke schickt Tristan nach Irland, denn er will die irische Prinzessin Isolde heiraten und Tristan soll sie zu ihm nach Cornwall bringen. Sie kommt mit. Eine ihrer Damen hat einen magischen Trank bei sich. Den soll Isolde mit König Marke triken, denn dann werden sie sich immer lieben. Ohne das zu wissen, trinken Tristan und Isolde diesen Trank. Sie heiratet König Marke, aber sie liebt nur Tristan. Sie verstecken sich, aber König Marke findet alles heraus. Tristan geht weg, in die Normandie. Dot lernt er eine andere Frau kennen, Isolde Weißhand kennen, und die verliebt sich in ihn.

---

1   Von dieser Geschichte gibt es viele Versionen. Die berühmteste deutsche Bearbeitung ist der fragmentarische Versroman *Tristan* vom Dichter Gottfried von Straßburg aus dem 13. Jahrhundert. Im Jahr 1865 komponierte Richard Wagner eine sehr bekannte Oper.

Faust und sein Helfer Mephisto: Er unterzeichnet
den Teufelspakt mit seinem eigenen Blut.

Vom Liebestrank, den Tristan trinkt, bis zur Hypnose ... nicht immer
ist Liebe eine ganz natürliche Sache. Auch Faust hat ja Mephisto,
seinen Helfer aus der Hölle ...

Manchmal kann man auch über parapsychologische Einflüsse
spekulieren. Zu E.T.A. Hoffmanns Zeiten sprach man von
Magnetismus. Das ist die Lehre von magnetischen Interferenzen
zwischen Personen (und zwischen Magneten und Personen). Sie ist
sehr alt.

Neubegründer der magnetosophischen Forschung im achtzehnten
Jahrhundert war der deutsche Arzt Franz Anton Mesmer (1734-1815).
Er schrieb:

In der Natur gibt es eine Regel: Jeder Köper hat Einfluss auf jeden anderen.
Das und die Reaktionen der Körper nennen wir Magnetismus. Den können
wir beweisen (in Experimenten sehen). Und es ist auch evident: Wir haben
nicht nur fünf Sinne: schmecken, tasten, sehen, hören und riechen, sondern
sechs. Der sechste hält uns in Kontakt mit dem Kosmos.

Der „Magnetiseur" bei der Arbeit.

Mesmer war Arzt und versuchte den Magnetismus zu nutzen, um Menschen gesund zu machen. Er benutzte dabei Magneten, die er dem Körper des Patienten näherte. Es soll funktioniert haben, aber wir wissen nicht genau, ob dabei nicht hypnotische Wirkungen mitspielten. Eine neue Form von Mesmers Methoden entwickelte der Franzose Marquis de Puységur (1751-1825). Er versuchte, die Patienten in einen Zustand *luzider Trance* (durch Hypnose) zu versetzen, in dem sie selbst Hinweise zu ihrer Heilung geben sollten. Doch betont Puységur auch die Macht des Magnetiseurs, der den Magnetisierten beherrscht.

Wie ist das in Hoffmanns Geschichte? Eine junge Dame träumt schlecht, ist unruhig und ängstlich. Dann kommt der Magnetiseur Alban. Sie fühlt sich bald wieder besser. Sie schreibt ihrer Freundin einen Brief. Was schreibt sie?

– Sie fühlt, dass sie tun muss, was Alban sagt.

– Bei der Behandlung soll sie selbst herausfinden, welches Problem sie hat.

– Sie erzählt Alban alles über sich selbst.

– Sie muss Alban in ihrer Nähe haben, weil sie sich sonst leer fühlt.

– Sie fühlt, nicht sie selbst denkt, sondern Alban denkt in ihr und durch sie.

Das ist ein wenig wie heute bei der Psychoanalyse. Aber es ist sicher auch viel Manipulation dabei. Das gibt es ... sehr charismatische Personen können das: Sie faszinieren andere, zum Beispiel in religiösen Gruppen.

1 **Beantworte folgende Fragen**

    1 Woher kommt der Magnetismus nach Mesmer?

    2 Können wir ihn sehen, hören oder riechen?

2 **Diskussion**

    1 Heute hat man Angst vor elektromagnetischen Feldern, zum Beispiel an Handys oder in der Nähe von Stromkabeln. Aber der Gedanke, eine besondere Lebensenergie durchfließe alle Lebewesen, hat vor allem im *New Age* neue Anhänger gefunden. Man spricht von guter und schlechter Energie; es gibt Experten für negative Energieflüsse in der Wohnung und am Arbeitsplatz ... Was meinst du?

    2 Deine Tochter liebt einen Mann und verändert sich in kurzer Zeit sehr. Du hast das Gefühl, er manipuliert sie ... was tust du?

Auf der Universität

Theodor Storm

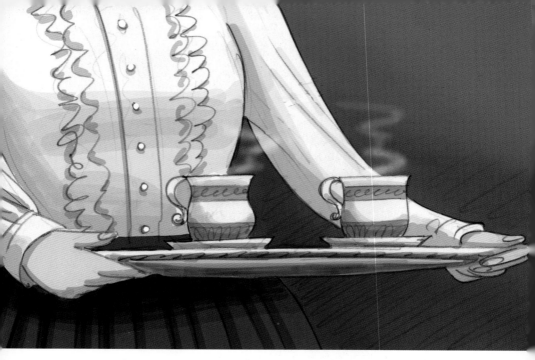

Tanzstunde

ch bin jetzt sechzehn und möchte gern Mädchen kennen lernen. Aber wie? Das war lange Zeit die Frage. Ich habe keine Schwester und auf unser Gymnasium gehen natürlich keine Mädchen. Zum Glück haben wir jetzt eine Tanzschule. An zwei Nachmittagen in der Woche treffen wir uns im Haus von Fritz Bürgermeister. Ein französischer Tanzlehrer kommt und wir lernen Walzer und Mazurka und andere Tänze. Und für uns acht Gymnasiasten haben wir jetzt auch acht Tänzerinnen gefunden. Erst hatten wir nur sieben, alles Mädchen aus den besten Familien der Stadt. Die achte ... nun, bei Frau Bürgermeister arbeitete manchmal eine Frau in der Küche, die war mit einem französischen Schneider [1]

1. **r/e Schneider/in (=/nen)**: macht Kleidung: Jacken und Mäntel und Hosen.
2. **gelblich**: ein bisschen gelb.

verheiratet, Herrn Beauregarde, einem mageren, etwas gelblichen[2] Mann, und die hatte eine Tochter. Ich hatte sie schon gesehen. Sie gefiel mir gut, schon als Kind. Sie hatte braune Haare und dunkle Augen. Sie ist eine Freundin der Schwester meines alten Freundes Christoph. Aber der spricht seit Jahren nicht mehr mit mir: Ich war aufs Gymnasium gegangen und er lernte den Tischlerberuf[3] und hasste uns „Lateiner", wie er sagte. Doch jetzt brauchte ich Christoph nicht: Ich lernte Leonore beim Tanznachmittag selbst kennen. Leicht war das nicht, sie in unsere Gruppe zu bekommen: Erst mussten wir ihre Mutter fragen. Dann brauchte Lore die richtige Kleidung: Frau Bürgermeister gab ihrer Mutter alte Kleider und die nähte sie für Lore um[4].

Jetzt kann unser Tanzkurs endlich beginnen.

Am ersten Nachmittag stehe ich in meiner neuen Jacke und mit neuen Schuhen im Salon der Familie Bürgermeister. Links stehen meine Mitschüler, rechts die sieben Mädchen aus den guten Familien. An der Tür steht Lore allein. Die anderen Mädchen sprechen nicht mit ihr! Aber jetzt spricht unser Tanzlehrer und stellt die Paare zusammen. Fritz Bürgermeister darf mit Lore tanzen. Der Lehrer erklärt uns alles und dann macht er Musik auf seiner Geige[5].

Nach dem ersten Tanz sucht uns der Lehrer neue Partner. Jetzt tanze ich mit Lore! Wie elegant sie ist! Mit ihr im Arm geht es ganz leicht. Der Lehrer applaudiert uns. „Sehr schön! Wunderbar! Ihr seid das perfekte Paar!" Ich möchte gern mit ihr sprechen. Aber das ist schwer. Sie ist beim Tanzen ganz

3. **r/e Tischler/in (=/nen)**: macht Möbel: Tische und Stühle.
4. **nähen**: Kleidung fertig machen; **umnähen**: alte Kleidung für eine andere Person passend machen.
5. **e Geige (n)**: Violine.

konzentriert. Auch Fritz tanzt oft mit ihr. „Sie ist so einsilbig!",
sagt auch er. Manchmal träumt sie beim Tanzen. Dann sage
ich: „Hallo, Lore, bist du da?", und sie lächelt. Zwischen den
Tänzen steht sie da und sagt nichts. Und am Ende ist sie immer
schnell weg.

So geht das drei Monate. Zweimal in der Woche halte ich Lore
im Arm. Aber ich spreche nur wenig mit ihr. Manchmal treffe ich
ihren Vater in der Stadt. Das ist nicht so schön. „Mein Großvater
war Lakai[6] bei Louis dem XVI.", erzählt er dann „und ich bin ein
armer Hund. Ja, so geht's, so geht's..." Ich versuche immer, schnell
wegzukommen. Aber das ist nicht so leicht.

Nach drei Monaten veranstaltet[7] Familie Bürgermeister einen
Tanznachmittag, bei dem auch unsere Eltern da sind. Auch Lores
Mutter ist gekommen. Sie hilft Frau Bürgermeister in der Küche
und serviert. Es ist komisch, die nette dicke Frau zu sehen und
zu denken, dass sie Lores Mutter ist. Einmal bleibt die Küchentür
offen stehen und ich höre einen Mann in der Küche sprechen: „Mein
Großvater war ..." — es ist Herr Beauregarde, Lores Vater. Hat sie
ihn auch gehört? Ich sehe sie an. Keine Reaktion. „Ist da nicht dein
Vater?", fragt da jetzt eins der Mädchen aus guter Familie. Lore
antwortet nicht. Fritz' Vater hat ihn auch gehört, nimmt ein Glas
und geht in die Küche: „Herr Beuregarde!", hören wir ihn sagen.
„Kommen Sie doch zu uns in den Salon!"

Lore macht große Augen. Sie ist ganz blass jetzt. Herr
Beauregarde kommt mit Herrn Bürgermeister herein. „Guten
Tag!", sagt er. Und zu mir: „Ihr seid so ein schönes Paar, du und
meine Lotte!" Lotte geht zu ihm und legt ihren Arm um ihn. Sie sagt

---

6. **r Lakei(en)**: trägt Uniform und hilft dem König etc.
7. **veranstalten**: organisieren.

ihm etwas ins Ohr. „Natürlich, mein liebes Mädchen!", sagt er jetzt. Weint er? Er wünscht allen noch einen „Schönen Nachmittag!" und geht.

Die Musik beginnt. Lore tanzt mit Fritz. Sie lächelt jetzt wieder. Er lächelt auch. Und ich tanze mit der mageren Charlotte! Dann ist das letzte Lied zu Ende. Wir haben alle noch Lust zu tanzen und bleiben stehen. „Noch einen Walzer, bitte!"

Aber Lore? Wo ist sie? Ich sehe Fritz an. Wir gehen zusammen aus dem Zimmer: Da kommt sie aus der Garderobe. Sie trägt ihren Mantel. „Lore!", rufen Fritz und ich. „Lasst mich, ich will nach Hause!" Und schon ist sie durch die Tür auf die Straße gelaufen.

Der Winter kommt. Nach Silvester wird es sehr kalt. Unser Stadtsee liegt da wie ein großer Spiegel. Alle sind zum Eislaufen. Manche Jungen haben kleine Schlitten. Sie laden Mädchen ein, sich zu setzen und schieben[8] die Schlitten übers Eis. Die Mädchen lachen.

Links auf dem See sehe ich die Gruppe vom Tanzkurs. Fritz ist auch mit seinem Schlitten da. Rechts stehen Lore und ihre Freunde. Barthel, ein Junge aus der Tischlerei schiebt dort einen Schlitten. Auch mein alter Freund Christoph muss hier sein, aber ich kann ihn nicht sehen.

Ich gehe zu Lores Gruppe. Barthel will jetzt sie im Schlitten übers Eis schieben. „Barthel muss erst etwas trinken!", sagt sie und gibt ihm etwas. Er läuft zu einem Imbiss[9]. Sie setzt sich in den Schlitten. Da habe ich eine Idee. Ich laufe auch zum Imbiss, kaufe ein großes Brot mit Schinken und gebe es Barthel. So hat er zu tun.

---

8. **schieben**: hinter dem Schlitten die Energie fürs Fahren geben.
9. **r Imbiss(e)**: etwas Kleines zu essen; *hier*: Stand, wo man etwas essen oder trinken kann.

Ich laufe zum Schlitten mit Lore und schiebe ihn hinaus auf den See. Wir fahren schnell und immer schneller. Die anderen sind schon weit hinter uns. „Wohin fährst du, Barthel?", fragt Lore. „Wir fliegen ja!" Ich antworte nicht. Wir fahren immer weiter. Dann fragt sie wieder: „Barthel, wohin?" „Mit dir? Bis ans Ende der Welt!", sage ich jetzt. Sie sieht nach hinten, zu mir. „Du? Was willst du?" Sie steht auf. „Fahr mich zurück zu den anderen!" „Lore ... setz dich!" Ich fahre sie zurück. Sie sitzt jetzt wieder ganz ruhig in ihrem Schlitten. Und jetzt sehe ich auch, warum.

Da kommt ein Eisläufer über den See, direkt zu uns. Es ist Christoph. Ich schiebe, so schnell ich kann, aber ich bin müde. Schon ist er da. Er legt eine Hand auf den Schlitten. „Hände weg!", rufe ich. Er gibt mir einen Schlag auf den Rücken. Ich falle aufs Eis. Dann weiß ich nichts mehr.

Ich öffne die Augen. Wo bin ich? Da kommt eine Frau. Es ist Christophs Mutter. Sie bringt Tee. Auch Christoph ist im Zimmer. „Da bist du ja wieder", sagt er zu mir und lächelt. „Entschuldige, ich wollte dich nicht so schlagen!" „Schon gut!", antworte ich. Ich will aufstehen. Aber es geht nur langsam. „Bleib noch liegen! Du bist mit dem Kopf aufs Eis geschlagen", sagt mir seine Mutter. „Ich habe euch Tee gebracht."

Von diesem Tag an bin ich wieder mit Christoph befreundet.

Was steht **im Text?**

Textverständnis

1 **Wer ist wer?**

1	☐ Lore	**a**	ein Freund aus der Kinderzeit, lernt den Tischlerberuf.
2	☐ Herr Beauregarde	**b**	ein mageres Mädchen aus guter Familie.
3	☐ Fritz	**c**	Tochter eines Schneiders, tanzt aber mit den Jungen der guten Familien.
4	☐ Lores Mutter	**d**	Franzose, Schneider.
5	☐ Charlotte	**e**	Sohn der Familie Bürgermeister.
6	☐ Christoph	**f**	Frau des Schneiders, Herrn Beauregarde.

2 **Was ist richtig?**

1 Bei der Organisation des Tanzkurses gibt es Probleme.
   a ☐ Es ist nicht leicht, einen Tanzlehrer zu finden.
   b ☐ Es fehlt ein Mädchen. Es sind nur sieben, die Jungen sind acht.
   c ☐ Sie wissen nicht wo sie tanzen sollen.

2 Für Eleonore Beauregarde
   a ☐ gibt Frau Bürgermeister ein altes Kleid. Lores Mutter näht es um.
   b ☐ gibt jeder in der Gruppe ein bisschen Geld: Sie soll sich ein neues Kleid kaufen.
   c ☐ gibt der Tanzlehrer einen alten Rock, den er noch im Schrank hatte.

3 Bei den Nachmittagen
   a ☐ findet Lore eine Freundin, mit der sie immer spricht.
   b ☐ bleibt Lore ganz allein.
   c ☐ tanzt Lore mit den Jungen, spricht aber nur wenig.

4 Zum Abschlussball
   a ☐ kommt nur Lores Vater. Er ist betrunken.
   b ☐ kommen die meisten Eltern, auch Lores Mutter und Vater sind da.
   c ☐ kommt die ganze Schule. Alle wollen die andren tanzen sehen.

5 Erst Neujahr

   a ☐ sehen sich Fritz und der Erzähler wieder.

   b ☐ trifft der Erzähler Lore wieder.

   c ☐ sehen die anderen Mädchen Lore wieder.

6 Was tut der Erzähler?

   a ☐ Er fährt in seinem Schlitten spazieren.

   b ☐ Er schiebt Lores Schlitten übers Eis.

   c ☐ Er küsst Lore.

Grammatik

3 **Welches Personalpronomen passt?**

1 Das ist Lores Schlitten und ich schiebe ....

2 Ja, Mark, ich habe das Geld, aber ich gebe es .... nicht.

3 He ihr beiden! Soll ich .... etwas erzählen?

4 Wir wollen für ihn arbeiten, aber er will .... nicht.

5 Sagt mir bitte: Woher habt .... das Geld?

6 Du siehst: Er hat Probleme. Also hilf .... bitte!

7 In fünf Minuten kommt Petra. Gibst du .... bitte das Buch?

8 Matthias, wir können das nicht tragen. Kannst du .... bitte helfen?

4 **Welche Präposition passt? Manchmal gibt es mehr als eine Möglichkeit.**

1 .... Essen dürfen wir nicht fernsehen.

2 .... dem Fußballspiel gehen wir nach Hause.

3 .... Schule kann ich jetzt allein gehen.

4 .... Bäcker gibt es immer gute Sachen zu essen.

5 .... deiner Party war es sehr langweilig.

6 .... die Disko gehe ich nur ungern.

7 .... Strand mache ich nichts.

8 .... morgen muss ich alles haben.

Wortschatz

5 Familienstand. Welches Adjektiv passt zu welcher Definition?

> geschieden — verheiratet — verliebt — verlobt — verwitwet

1 Sie findet ihn fantastisch, einfach toll! Sie will immer mit ihm zusammen sein. Sie ist ....

2 Sie waren einmal verheiratet, aber jetzt sind sie es nicht mehr. Sie sind ....

3 Sie haben offiziell erklärt, sie wollen zusammen eine Familie sein. Sie sind ....

4 Er war verheiratet, aber seine Frau ist gestorben. Jetzt ist er ....

5 Sie haben vor ihren Familien erklärt: Sie wollen heiraten. Sie sind ....

KULTUR und LANDESKUNDE

Tanzkurs

Foxtrott, Cha cha cha oder Wiener Walzer sind keine sehr modenen Tänze, das ist richtig. Aber es ist besser, wenn man sie kann. Spaß macht es auch und ist gut für die Figur. Tanzen ist ein Sport.
Und viele junge Deutsche gehen mit 16 oder 17 in eine Tanzschule. Dort lernen sie jede Woche einen neuen Tanz ... und lernen auch Leute aus anderen Schulen kennen – am Ende

gibt es einen großen Abschlussball. Das macht vielen großen Spaß: das richtige Kleid, der richtige Partner ...

6 Lies den Text und beantworte folgende Fragen. Was ist richtig?

a ☐ In der Tanzschule kann man auch Kleider kaufen.
b ☐ Wer die Tanzschule besucht, wid Balletttänzer.
c ☐ In einer Tanzschule wird man Sportler.
d ☐ In einer Tanzschule kann man Walzer lernen.
e ☐ In die Tanzschule geht man jeden Tag.
f ☐ In Deutschland tanzt niemand mehr Walzer.

Vor dem **Lesen**

1 **Was denkst du: wer spricht auf dem Bild auf der nächsten Seite?**

1 Ein Vater mit seiner Tochter
2 Christoph mit Lore
3 Lore mit einem Studenten
4 Eine junge Frau mit ihrem Mann
5 Eine junge Frau mit dem Erzähler
6 ....

2 **Wo sind sie? (Mehr als eine Antwort kann richtig sein)**

1 ☐ In der Stadt.
2 ☐ Auf dem Land: man sieht Bauern arbeiten.
3 ☐ Auf dem Land: man sieht Wälder und Felder.
4 ☐ In einem Park.
5 ☐ Auf einer Burg.

3 **Zum Bild auf Seite 67. Was siehst du?**

1 ☐ Zwei Männer im Wohnzimmer einer armen Familie.
2 ☐ Zwei Männer im Zimmer eines Mannes mit Geld.
3 ☐ Zwei Männer. Einer bleibt, einer geht.
4 ☐ Zwei Männer. Sie feiern etwas.
5 ☐ Zwei Männer. Kerzenständer. Teure Möbel.

4 **Sieh dir das Bild noch mal an und ergänze den Text.**

> **an der Tür — weg — „Gute Reise" — Freundin —
> Hand — Theater — in die weite Welt**

Ein junger Mann steht im Zimmer. Der andere steht schon ....
Er hat den Hut in der .... Der andere sagt vielleicht .... zu
ihm. Er antwortet vielleicht mit einem „Danke". Der junge Student
geht jetzt vielleicht zu einem Fest. Vielleicht geht der junge Mann für
immer .... Vielleicht geht er hinaus .... Es kann aber auch
sein, er geht ins .... Im Theater trifft er seine ....

Zeit der Liebe

s ist Frühling. Nachmittags gehe ich vor der Stadt spazieren.
So auch heute. Heute habe ich Zeit und gehe weit. Im Wald
lege ich mich ins Gras und ... träume von Lore.

Doch träumen ist nicht alles. „Du bist kein Kind mehr", sage ich
mir. „Du bist jetzt ein junger Mann". Ich gehe zurück in die Stadt.
Ich will Lore suchen. Auf dem Platz vor dem Rathaus steht heute
ein Karussell. Lore sitzt auf einem Holzpferd. Das Karussell hält.
Sie steigt ab.

„Du?", fragt sie. „Ja. Kommst du mit spazieren?", frage ich.
„Gut. Aber nicht lange."

Wir gehen in den Park. Ich will ihre Hand nehmen. Aber sie will
nicht. „Hier können uns die Leute sehen." Wir sprechen wenig. Es
wird langsam dunkel. Im Park sind nur noch wenige Leute. Dann sind
wir allein. Ich halte sie an und küsse sie. Sie lässt sich küssen. Wir
gehen Hand in Hand spazieren. „Ich muss nach Hause", sagt sie.

„Sehen wir uns morgen?", frage ich sie vor ihrem Haus.

Sie sieht mich an. „Nein", antwortet sie, „du heiratest am Ende doch eine von den reichen Damen".

Was soll ich sagen? Ich weiß es nicht. „Gute Nacht", sagt sie und läuft ins Haus.

Wenige Monate später gehe ich zum Studieren ins Ausland. Erst nach drei Jahren komme ich in den Ferien wieder nach Hause. Lore ist nicht mehr da, erzählt mir ihr Vater. Ihre Mutter ist gestorben und sie lebt jetzt bei ihrer Tante in einer großen Stadt. Sie arbeitet als Näherin. Ihr Vater ist traurig, „aber es ist das beste für sie", erklärt er mir. „So eine große Stadt ..."

Es ist die Stadt, in der ich dann weiter studiere. Auch Christoph ist dort und arbeitet als Tischler. Ihn treffe ich schon nach wenigen Tagen wieder. Ich frage ihn nach Lore. „Ja, die ...", er antwortet nicht. „Da ist doch etwas ...?", frage ich und lächle.

„Meine Sache!", sagt er.

Ich denke nicht mehr oft an Lore. Auch Christoph sehe ich nur selten. Ich lebe mein Studentenleben. Das ist eine andere Welt. Nur im Ballhaus treffen sich Studenten und Leute aus dem Volk. Die Studenten lieben diese Mädchen. Ihre Freunde lieben die Studenten nicht.

Ich wohne in der Nähe vom Ballhaus, aber ich gehe nur selten hin. Ich muss lernen. Eines Abends höre ich viele Leute zum Ballhaus laufen. Ich gehe ans Fenster: Ich sehe auch Polizei. Was ist da passiert?

In der Nacht klopft es an meine Zimmertür. Es ist Christoph. „Ich muss weg", sagt er. „Mein Onkel hat eine Tischlerei in einer anderen Stadt. Er ist alt und krank. Ich soll bei ihm arbeiten. Aber im Moment ... Kannst du mir etwas Geld geben?" Ich nehme mein Portemonnaie und gebe ihm, was ich habe. Ich sehe ihn an. Er ist

schwarz gekleidet, wie sonntags für die Kirche. „So elegant?", frage ich. „Ja, ich war bei der Polizei." „Deinen Pass holen?" „Nein, meine Ausweisung[1]." „Was?" „Ich habe gestern im Ballhaus den wilden Grafen geschlagen." „Den wilden Grafen?" Das war ein sehr wilder und reicher Student. Der hatte immer neue Freundinnen und trank viel. „Er wollte mit Lore tanzen." „Ach so. Und da hast du ihn geschlagen …" Ich lache. Christoph lacht nicht. „Das ist ein Schwein! Der nimmt sich unsere Mädchen und dann … das nächste …" „Aber deine Lore bleibt hier in der Stadt?" „Ja, aber ich habe ihr gesagt: Sie darf nicht mehr ins Ballhaus gehen. Das ist nicht leicht für sie: Sie tanzt so gern … das kommt alles von eurem dummen Tanzkurs. Danke für das Geld. Du bekommt es zurück. Leb wohl!"

Einige Monate lang höre ich nichts mehr von ihm. Da treffe ich eines Abends Lore auf der Straße. Sie ist elegant. Es ist klar: Sie geht ins Ballhaus. „Aber Lore", sage ich. „Was sagt Christoph dazu?" Sie sieht mich böse an: „Der — der heiratet eine andere. Eine mit Geld!" „Was? Er liebt dich wie sein Leben!" „Ein Freund ist gekommen und hat es mir erzählt. Christoph arbeitet an einem Hochzeitsbett! Für die Tochter eines Tischlers und sich. Die ist älter als er, aber sie hat eine Tischlerei! Und jetzt lass mich gehen! Ich will tanzen!"

Ich kann es nicht glauben. Christoph heiratet eine andere? Vielleicht ist es die Wahrheit? Ich hoffe, mein Freund wird glücklich.

Mein letztes Semester geht zu Ende. Ich habe mehr Zeit zum Spazierengehen. Jeden Nachmittag bin ich vor der Stadt im Grünen, oft bleibe ich dann bis abends in einem Gasthaus. In einem dieser Gasthäuser aber ist nachmittags alles leer. Erst nach längerer Suche finde ich den Wirt. Er liegt im Gras und schläft. „Entschuldigen Sie, mein Herr!", sagt er, „aber abends kommen

---

1. **e Ausweisung (en):** offizieller Brief, in dem steht: du musst aus der Stadt/dem Land weggehen.

die Studenten und bleiben lange, oft bis vier Uhr morgens." Ich setze mich und lasse mir etwas zu essen bringen. „Die Studenten? Hierher kommen sie...?" Und da sehe ich schon die ersten kommen. Ich kenne einige von ihnen und sie setzen sich zu mir an den Tisch. Jetzt kommen immer mehr. Mädchen aus dem Volk sind jetzt auch da. Das Gasthaus ist voll. Ein Orchester ist auch da. Jetzt gibt es Musik, die Leute tanzen. Ich sehe zu. Aber da sehe ich Lore. Sie tanzt mit einem großen blonden Studenten. Es ist der wilde Graf. Nach dem Tanz führt er sie an einen Tisch. Er setzt sich neben sie. Kann das sein? Sie ist mit dem wilden Grafen zusammen? Jetzt tanzen sie wieder. Er küsst sie. Er lächelt, sie nicht. Ein seltsames Paar. Sie hat etwas Trauriges. Jetzt geht sie allein auf die Terrasse, er geht zu einer Gruppe von Studenten. Ich gehe auch hinaus. Da steht sie und sieht in den Mond.

„Lore!" Sie sieht mich an. „Du bist es! Christoph hat mir geschrieben." Sie nimmt einen Brief aus ihrer Tasche und gibt ihn mir. Ich lese: „Liebste Lore! Endlich habe ich die Hochzeitsmöbel für unseren Nachbarn fertig und mit dem Geld kann ich meine Tischlerei aufmachen. Ein kleines Haus für uns habe ich auch gekauft. Bitte komm bald! Dann können wir endlich heiraten ..."

„Lore! Wann fährst du?", frage ich sie.

„Ich fahre nicht. Ich kann nicht. Es ist zu spät." Sie geht wieder in den Tanzsaal. Sie tanzt mit dem wilden Grafen. Ich gehe traurig nach Hause.

Am nächsten Tag finden sie ein Tote im Fluss. „So elegant! Wie zu einer Hochzeit!", sagen die Fischer.

Das alles ist viele Jahre her. Heute steht in der Universitätsstadt eine Marmortafel: „Eleonore Beauregarde". Drei junge Männer aus drei Städten Deutschlands haben das Geld dafür gegeben. Auch Fritz hatte sie nicht vergessen.

Was steht **im Text?**

Textverständnis

1 **Wer ist Der wilde Graf (1)? Wer ist Christoph (2)?**

a ☐ Ein Kindheitsfreund des Erzählers. Er arbeitet jetzt als Tischler in der Stadt, wo der Erzähler studiert.

b ☐ Ein Student, der viel feiert und viele Freundinnen hat.

2 **Wer macht was?**

a Lore   b Christoph   c Erzähler   d Fritz Bürgermeister

1 ☐ stirbt.
2 ☐ arbeitet in der Stadt.
3 ☐ gibt Geld für Lores Marmortafel.
4 ☐ studiert erst im Ausland, dann in einer deutschen Stadt.
5 ☐ hat Lore geküsst.
6 ☐ schlägt den wilden Grafen.
7 ☐ ist mit Christoph verlobt.
8 ☐ muss die Stadt verlassen.
9 ☐ denkt, ihr Freund heiratet eine andere.
10 ☐ will Lore heiraten.
11 ☐ geht mit dem wilden Grafen tanzen.
12 ☐ geht ins Wasser.

3 **Was ist richtig?**

1 Lore geht für ihr Leben gern tanzen,
   a ☐ aber sie hat kein Geld und braucht Hilfe.
   b ☐ aber für ein einfaches Mädchen heißt das: mit den Studenten.

2 Lore weiß:
   a ☐ kein Mann aus dem Volk will sie heiraten, denn sie ist ein armes Mädchen.
   b ☐ kein Student will sie heiraten, denn sie ist ein armes Mädchen.

3 Lore geht ins Wasser, denn ihr Verlobter
   a ☐ will sie nicht heiraten.
   b ☐ will sie heiraten, sie ist aber mit Studenten zusammen.

Grammatik

4 *setzen/stellen/legen/hängen — sitzen/stehen/liegen* ... setze ein, was passt.

1. Er .... sich wieder auf seine Bank.
2. Auf der Bank .... eine ältere Dame.
3. Der Lehrer .... immer an seinem Tisch. Er setzt sich nie.
4. Ich fühle mich nicht gut. Ich .... mich einen Moment aufs Sofa und schlafe.
5. Die Schuhe .... unter dem Tisch.
6. Die Teller .... auf dem Tisch.
7. Ach, Herr Meier! Bitte! .... Sie sich doch!
8. Wohin .... wir den neuen Schrank?
9. Die Flasche Wasser .... auf dem Küchentisch.
10. Wohin soll ich den Mantel ....?

5 Setze ein *zu* ein, wo es fehlt.

1. Du brauchst morgen nicht in die Schule .... kommen.
2. Lässt du mich mit deiner Freundin aus............gehen?
3. Wir müssen uns nächste Woche in Köln .... treffen.
4. Wir gehen heute Abend in der Stadt .... tanzen.
5. Ich glaube ihn schon lange .... kennen.
6. Siehst du deinen Bruder auf dem Fußballplatz .... laufen?
7. Was wünscht ihr heute Mittag .... essen?
8. Was denken Sie gegen die Probleme der Stadt tun .... können?
9. Warum hoffst du immer noch sie einmal wieder............sehen?
10. Hilfst du uns die Koffer .... packen?

Wortschatz

6 Zeremonien. Wie heißt was?

> **Beerdigung — Hinrichtung — Hochzeit — Jugendweihe — Kommunion — Konfirmation — Taufe — Verlobung**

1. Für Katholiken ist das die zweite wichtige Zeremonie:
2. Das machen manche Leute einige Zeit vor der Hochzeit.
3. Für evangelische Christen ist das die zweite wichtige Zeremonie.

4 Für nicht religiöse junge Menschen gibt es diese Zeremonie.

5 Das war die letzte Zeremonie im Leben eines Mörders.

6 Da bekommen christliche Kinder Wasser auf den Kopf.

7 Da kommt ein Toter unter die Erde.

8 Da sagen sich zwei Personen „ja".

7 **Wer tut wann was mit wem?**

> **beerdigen — heiraten — taufen — sich scheiden lassen — sich verlieben — sich verloben**

1 Einen Toten muss man ....

2 Das Paar, das immer streitet, ... vielleicht ....

3 Er gefällt ihr so gut, jeden Tag mehr. Sie ....
.... in ihn.

4 Die beiden wollen nächstes Jahr heiraten und jetzt geben sie eine Party und ....

5 Das Kind ist neu geboren: Christen bringen es zum Priester, der es
....

6 Sie bekommt ein Kind von ihm und die beiden wollen jetzt
....

Im Leben

Sprich dich aus

8 Dein Freund/Deine Freundin ist in ein fernes Land gegangen, denn er/sie wollte reich werden und dich dann heiraten. Jetzt, nach zehn Jahren, ist er/sie wieder da und will dich endlich heiraten. Du hast in diesen zehn Jahren studiert und bist mit mehr als einem interessanten Menschen zusammen gewesen. Du willst ihn/sie nicht mehr heiraten. Erkläre es ihm/ihr.

Schreib's auf

9 Du hast lange gewartet. Du hast viel gearbeitet und sehr viel Geld verdient. In all diesen Jahren hast du keine andere Frau/keinen anderen Mann angesehen und nur an ihn/sie gedacht. Jetzt willst und kannst du sie/ihn heiraten. Schreib ihm oder ihr einen Brief.

Szenenfoto aus dem Film **Buddenbrooks**. Thomas Buddenbrook und seine nicht standesgemäße Affäre, das Blumenmädchen Anna.

Jugendlieben,
süße Mädels ...

Thomas, der Sohn der reichen Familie Buddenbrook, soll nach Holland fahren. Aber vorher geht er noch zu einer Blumenverkäuferin. Er sagt ihr Adieu. Sie war seine erste Liebe und er war ihre. Aber jetzt muss alles zu Ende sein. Sie weint – aber sie wusste es schon. Der reiche junge Mann muss eine junge Frau aus guter Familie heiraten. Die Familie braucht Kapital, immer mehr. Liebe ist da nicht so wichtig.

Süßes Mädel.

Thomas heiratet eine recht kühle, musikalisch talentierte junge Frau aus Holland. Als er Jahre später stirbt, weint nicht diese sehr schöne und elegante Dame, sondern das Blumenmädchen.

So war das. Die Söhne der Bürger gingen zum Militär und besuchten die Universität und hatten da immer auch ihre Freundinnen. Das waren keine Bürgertöchter, denn die saßen zu Hause und waren sehr kontrolliert. Nach der Universität sollten sie einen der jungen Doktoren heiraten und ein nettes bürgerliches Leben in einer großen Wohnung oder einem Haus führen. Aber was war mit den Jugendlieben ihrer Männer? Die blieben allein und heirateten dann einen Mann aus dem Volk.

In manchen Kulturen, zum Beispiel im Wien um 1900, gab es eine eigene Kategorie von Mädchen, die süßen Mädel. Die wohnten in der Vorstadt und ihre Freunde waren junge Offiziere oder Studenten oder – verheiratete Männer. Denn nicht alle fanden bei ihrer bürgerlichen jungen Frau das, was sie suchten: Liebe. Auch Schauspielerinnen führten oft ein Doppelleben, bei dem sie abends arbeiteten und nachts mit reicheren Männern ihren Spaß hatten. So genau wissen wir das aber nicht, denn all diese Dinge kennen wir nur aus der Literatur der Männer. Der wichtigste österreichische Schriftsteller, der uns von solchen Lieben, von Eifersucht und Trennungen erzählt, ist Arthur Schnitzler. Anatol, Held vieler seiner Komödien, will alles über eine Geliebte wissen – oder lieber doch nicht, oder er hat eine neue Freundin und will die alte verlassen, aber in diesem Moment erklärt ihm diese: „Das war unser letztes Abendessen, ich habe einen anderen." – Auch bei Italo Svevo und bei Marcel Proust gibt es solche Geschichten.

1 Liebe hat oder hatte also eine soziale (und finazielle) Dimension.

    a Warum konnte Thomas das Blumenmädchen nicht heiraten?

    b Warum ist Anatol sehr eifersüchtig auf seine Geliebte?

Diskussion.

2 Gibt es heute noch so etwas? Eine Liebe, bei der jeder weiß: Sie hat keine Zukunft… denn er oder sie ist aus „gutem Hause" und der oder die andere nicht?

Allein

E s ist warm heute. Der Frühling ist da. Gustav macht die Fenster auf und sieht auf die Straße. So viele Leute. Er holt einen Stuhl und setzt sich ans Fenster. Jetzt geht es besser! Frische Luft! Endlich, nach langen Monaten! Leben!

Er lebt allein. Therese, seine Frau, ist tot. Sie ist im Oktober gestorben. Sie hatten keine Kinder. Den ganzen Winter hat er immer nur an sie gedacht. Sie ist so jung gestorben, nur sieben Jahre waren sie verheiratet. Sie waren wie jedes Jahr aus den Ferien im Gebirge nach Hause gekommen, dann war sie krank geworden und die Ärzte hatten ihm sofort gesagt: „Da kann man nichts machen." Er hatte auch für viel Geld zwei Professoren kommen lassen, aber die hatten dasselbe gesagt. Er dachte immer nur: „Sie ist noch so jung und ich bin es auch und das kann nicht sein." Und sie sagte das auch: „Mach dir keine Gedanken. Bald geht es mir wieder besser." Erst am letzten Abend hatte sie gesagt: „Ich sterbe!" und am nächsten Morgen war sie tot.

Am Anfang hatte ihr Vater ihn noch manchmal besucht. Aber die beiden Männer hatten sich nicht viel zu sagen und nach ein paar Wochen ist der alte Mann nicht mehr gekommen.

Gustavs Eltern waren schon lange tot. Er hatte als Kind mit ihnen in einer Provinzstadt gewohnt und das Gymnasium besucht. Talent hatte er nicht, aber sein Vater war Notar. Dann war sein Vater gestorben und er musste sich eine Arbeit suchen. Er fand eine Stelle bei der Bahn. Die war nicht gut bezahlt, aber sicher, und mit den Jahren konnte er eine kleine Karriere machen. Er arbeitete jetzt in der Hauptstadt in einem Büro und machte seine Arbeit gut und ordentlich. Einmal im Monat ging er ins Theater. Jeden Samstag traf er seine Kollegen in einem Restaurant. Einmal verliebte er sich in eine junge Frau. Das war eine dramatische Geschichte, aber bald zu Ende, denn sie ging mit ihrem Mann aus Wien weg. Er hatte sie sehr geliebt und war eine Zeit lang traurig.

Erst vier Jahre später lernte er wieder ein Mädchen kennen. Er wusste bald: Das ist die Richtige. Sie war schon einmal verlobt gewesen, aber ihr Verlobter war nach einem Jahr gestorben. Sie hatte so etwas Trauriges. Sie war nicht sehr gebildet[1], aber sie hatte ein großes musikalisches Talent: Sie sang sehr schön. Und Gustav wollte dieses traurige Mädchen zum Lächeln[2] bringen. Er war nett zu ihr. Er machte ihr Komplimente. Und eines Abends lächelte sie! Da war er glücklich. Wenige Monate später wurde sie seine Frau. So eine junge Frau in seinen Armen! In seiner Wohnung gab es jetzt nur Frieden und Freude. Manchmal sagte er auch am späten Abend: „Sing ein Lied für mich!" Und sie sang es ihm im dunklen

---

1. **gebildet:** kultiviert, ist jemand, der viel gelesen hat.
2. **lächeln:** tun wir mit den Lippen, wenn wir glücklich sind.

Zimmer ins Ohr. So lebten sie zusammen. Kinder kamen nicht. So änderte sich nichts, alles blieb wie es war: perfekt. Jeden Sommer fuhren sie zwei Wochen in die Berge. Das war alles gewesen. Das Leben, hatten sie gedacht, das ist ein Zusammenleben, viele, viele Jahre zusammen. Dann war sie tot.

Der Winter war wie eine lange schreckliche Nacht gewesen.

Sicher, eine Zeit lang war er abends oft in ein Restaurant gegangen, wo er die Kollegen traf. Dort hatte er gut gegessen und dann - er schlief nicht gut und hatte das den Kollegen erzählt und die hatten gesagt: „Das hilft" - hatte er auch ein bisschen mehr getrunken. Aber nach Hause hatte er doch immer wieder gehen müssen und da wartete niemand auf ihn. Die Wohnung war wie ein dunkles Loch.

Aber jetzt war der Frühling da. „So geht es nicht weiter", sagte er zu sich selbst. „Das ist kein Leben. Oder will ich jetzt auch sterben?" Jeden Abend nach der Arbeit macht er jetzt lange Spaziergänge. Am Sonntag geht er aus der Stadt ins Grüne, bis auf die ersten Berge. Manchmal sieht er ein schönes Gasthaus und setzt sich. Er sieht die Leute an, die Mädchen. Einmal sitzt eine vor ihm am Tisch. Er sieht sie und denkt: „Wie es wohl ist, sie im Arm zu halten?" Er schließt die Augen und will träumen ... ein Kuss! aber da sieht er wieder Therese und ihren Mund, wie er näher kommt. Schnell macht er die Augen wieder auf. Schnell geht er nach Hause. Es ist schon dunkel. Er steht vor seiner Wohnungstür. Da geht das Licht aus. Er steht da und tut nichts. Er hat Angst, schreckliche Angst. Er ist allein.

Er geht in seine Wohnung und sieht in den Spiegel. „Wer ist das?", fragt er sich. Dann geht er ins Bett. Das Licht lässt er an. Sein Schlaf ist unruhig. Er träumt schlecht. Am nächsten Tag geht er nach der Arbeit wieder spazieren. Er sieht Frauen an, Frauen sehen ihn an.

Er geht in ein Gasthaus. Da sitzen zwei junge Frauen vor ihm. „Sehr hübsch, die rechte!", denkt er.

Soll er sie ansprechen? Nein, das kann er nicht. Er denkt an Therese. Er geht weiter spazieren.

So geht das jeden Tag. Er geht durch die Straßen der Stadt. Es ist warm.

„Ich muss eine Ordnung für mein Leben finden", sagt er sich. Wie hatte er vor der Hochzeit mit Therese gelebt? Gut, er hatte seine Arbeit gemacht. Immer pünktlich und genau. Aber dann? Musik hatte er gern gehört. Bücher? Ja, Bücher über Reisen. Aber reisen konnte er jetzt nicht. Er musste ja arbeiten. Und allein reisen wollte er auch nicht. „Ohne Therese ... immer denke ich dann an sie!" Und? Mit den Kollegen ausgehen? Die sieht er schon im Büro.

Aber seine Spaziergänge machen ihm Freude. Jetzt denkt er schon weniger an Therese. Er denkt gern an seine Spaziergänge, an den Weg über die Berge vom Sonntag. Eines Morgens wacht er auf und denkt: „Es ist zu Ende! Ich habe lange an Therese gedacht. Jetzt denke ich an mich selbst." An diesem Nachmittag geht er in den Stadtpark. Das Orchester spielt. Er setzt sich auf eine Bank und fühlt sich frei. Tanzen die Menschen? Neben ihm sitzt ein Paar.

Was jetzt? Er will eine Frau ansprechen. Was soll er sagen? Er sieht ein junges Mädchen mit einem kleinen Jungen. „Guten Tag, Fräulein! So ein schöner Junge, sicher der Herr Bruder?" Soll er das sagen? Er muss lachen. Da kommt eine dicke Frau, sie hat ein Buch in der Hand. Die kann er fragen: „Darf ich Ihr Buch tragen, meine Dame?" Und die zwei Mädchen da? Sie sprechen so schnell ... die kann er fragen: „Erzählen Sie mir auch etwas, meine Fräulein?" Das geht vielleicht nicht. So kann er das nicht machen. Aber wie?

Was steht im Text?

Textverständnis

1 **Welche Antwort ist richtig?**

1 Wer ist gestorben?
- a ☐ Gustav.
- b ☐ Therese, seine Frau.
- c ☐ Thereses Vater.

2 Was hat Gustav im Winter gemacht?
- a ☐ Er ist in die Berge gefahren.
- b ☐ Er hat im Park gesessen.
- c ☐ Er war sehr traurig, hat gearbeitet und sonst wenig gemacht.

3 Was macht Gustav im Frühling als erstes?
- a ☐ Er macht die Fenster auf.
- b ☐ Große Wäsche.
- c ☐ Er putzt die Wohnung.

4 Was macht er dann in seiner Freizeit?
- a ☐ Er geht viel spazieren.
- b ☐ Er trifft Kollegen.
- c ☐ Er liest Reiseliteratur.

5 Gustav sieht Frauen in Restaurants. Woran denkt er?
- a ☐ Er will heiraten.
- b ☐ An Therese.
- c ☐ An die Ferien.

6 Was hat Gustav in seinem Leben nicht getan?
- a ☐ Eine Universität besucht.
- b ☐ Geheiratet.
- c ☐ Gearbeitet.

7 Was hat Gustav vor seiner Hochzeit in seiner Freizeit gemacht?
- a ☐ Viel Sport.
- b ☐ Er ist oft ins Theater und in die Oper gegangen.
- c ☐ Er hat Reiseliteratur gelesen.

8 Im Park sieht er Frauen. Was möchte er tun?
- a ☐ Sie heiraten.
- b ☐ Sie ansprechen.
- c ☐ Mit ihnen tanzen.

Grammatik

2 Setze die folgenden Sätze ins Präteritum.

1   Sie gehen nicht gern in die Schule.
2   Wir schließen die Augen.
3   Sie singt ein Liebeslied.
4   Er kennt sie aus dem Kindergarten.
5   Sie trägt ihn nach Hause.
6   Er sitzt abends im Sessel.
7   Er trinkt gern Orangensaft.
8   Wir sehen nicht gut.
9   Niemand läuft schneller als ich.
10 Wo trefft ihr euch?

3 Setze die folgenden Sätze ins Perfekt.

1   Er kommt aus dem Eiscafé.
2   Sie ging in die Kirche.
3   Wir lernen uns auf der Schule kennen.
4   Er liebte sie sehr.
5   Er schließt jeden Abend die Tür.
6   Wir reisen durch Europa.
7   Er verliebt sich in sie.
8   Er heiratet seine Cousine.

Wortschatz

4 Was sind hier Synonyme? Bilde Gruppen. Zwei Verben bleiben allein

> abmachen — abschalten — aufmachen —
> anmachen — ausmachen — ausschalten — einschalten —
> hinaufgehen — heruntergehen — nach oben gehen —
> öffnen — schließen — zumachen

5 Welches Verb passt?

ansehen — anmachen — sehen — ansprechen — lassen — sprechen

1 Jemand .... die Waschmaschine ....
2 Wie soll ich eine Frau ....?
3 .... du mich ins Kino gehen?
4 .... mich ...., ich spreche mit dir!
5 .... du die Leute da auf dem Platz? Was machen sie da?
6 Du .... so selten mit mir!

Sprich dich aus

6 Im Park. Jemanden ansprechen ... Es ist Frühling. Die Sonne scheint. Es sind viele Leute im Park. Vielleicht spielt ein Orchester (in alten Parks in Deutschland gibt es einen Platz für das Orchester). Manche gehen mit ihren Kindern spazieren, andere mit Gechwistern und Freunden oder mit ihrem Hund. Du kennst sie/ihn nicht, aber er/sie gefällt dir ... du gehst zu ihm/ihr und sagst ... Was? Was geht nicht? Was bringt die andere/den anderen zum Lachen, was nicht?

Entschuldigung ...
... darf ich dich ein Stück begleiten?
... wie spät ist es?
... kennen wir uns nicht vom Deutschkurs/aus dem Fitnessclub?
... du gehst gern in die Oper, nicht?
... kommst du mit, ein Eis essen?
... gehen wir heute Abend ins Kino?
... du hast wunderschöne Augen, weißt du das?
... du hast eine fantastische Figur!
... du siehst interessant aus. Was machst du heute Abend?
... du hast so etwas. Ich liebe dich!

7 Ihr wartet auf den Zug. Du stehst vor ihr oder ihm ... du kennst sie/ihn nicht. Aber du willst ihn/sie kennen lernen. Der Zug kommt in drei Minuten. Sag das richtige, erkläre, warum du interessant bist (das kannst du natürlich frei erfinden, niemand kennt dich hier).

Vor dem **Lesen**

1 **Was siehst du auf der nächsten Seite?**

1 ☐ Einen Bus.
2 ☐ Eine Mütze.
3 ☐ Einen Herrenhut.
4 ☐ Einen Damenhut.
6 ☐ Ein Federkleid.

2 **Was steckt im Hut?**

1 ☐ Eine Nadel.
2 ☐ Eine Blume.

3 **Wann trägt man so etwas?**

1 ☐ Bei der Arbeit auf dem Feld.
2 ☐ Bei der Arbeit im Büro.
3 ☐ Im Winter, wenn es sehr kalt ist.
4 ☐ Im Frühling und im Sommer beim Spazierengehen.
5 ☐ Bei einer Beerdigung.

4 **Zu dem Bild auf Seite 89. Was tragen die beiden?**

Er trägt eine lange ...
Sie trägt ein leichtes ...

5 **Welche Beziehung haben die beiden? Was glaubst du?**

1 ☐ Sie sind verheiratet.
2 ☐ Sie sind Freunde und kennen sich schon lange.
3 ☐ Sie sind Liebhaber.
4 ☐ Sie sind Geschwister.
5 ☐ Sie sind Nachbarn.

Sie ist es nicht

E r sitzt auf einer Bank in der Sonne und er sieht eine Frau.
Die geht da ganz allein und man denkt: Die interessiert sich
nicht für die Leute und für die Welt auch nicht. Aber sie
lächelt Gustav an. Seltsam. Kennt sie ihn? Er sieht sie an. Sie geht
weiter. Sie geht wie Therese. Auch die Haare, ihr Kleid, der Hut,
ja: Die lange Nadel[1] im Hut! ... Wie Therese! Er steht auf und geht
ihr nach.

„Das ist nicht Therese! Therese ist tot!", sagt er sich. Aber
die hier... wie sie geht! Aus dem Park auf die Straße, die Straße
entlang. Sie geht immer weiter, er geht hinter ihr. Dann geht
sie in ein Haus. Er bleibt vor dem Haus stehen und sieht nach

---

1. **e Nadel(n)**: aus Metall, lang und dünn. Eine kleine Nadel nimmt man zum Nähen.

oben. Kurze Zeit später geht im dritten Stock ein Fenster auf. Es ist sie. Sie sieht nach oben, in den Himmel. Dann sieht sie nach unten, auf die Straße. Er geht weg.

Langsam geht er nach Hause. „Was will ich von ihr?", fragt er sich. Sie ist nicht Therese.

Zu Hause angekommen, geht er früh schlafen.

In dieser Nacht träumt er von Therese. Sie sind in einem Wald, wie in den letzten Ferien. Sie liegen im Gras. Seine Arme, seine Lippen suchen sie ... dann ist sie weg. Er wacht auf. Es ist noch sehr früh am Morgen. Er geht vor der Arbeit im Park spazieren. Nach der Arbeit geht er wieder dorthin.

Er setzt sich wieder auf seine Bank. Er sitzt lange dort. Viele Frauen spazieren hier um diese Zeit. Aber sie sieht er nicht.

Es wird schon dunkel. Da ist sie! Er steht auf. Er geht hinter ihr durch den Park. Er geht schneller als sie. Jetzt geht er neben ihr. Er sieht sie an. Der Hut, die Hutnadel, die Haare ... „Bitte, Therese ... Ich bitte dich!", sagt er jetzt. Sie bleibt stehen. „Was kann ich für Sie tun? Woher kennen Sie meinen Namen? Wir kennen uns nicht, oder?"

Er fühlt sich jetzt ganz sicher. Sie ist nicht Therese, das kann er an der Stimme[2] hören. Aber sie heißt auch Therese.

„Ich bin Ihnen gestern nachgegangen."

„Ach so. Sie sind ...", sie lacht. „Das habe ich gefühlt. Wissen Sie, wie das ist? Jemand geht hinter Ihnen und Sie fühlen das ... Sie sehen ihn nicht, Sie fühlen es nur. Kennen Sie das?"

Er antwortet nicht. Sie gehen zusammen weiter.

„Schon lange hat mich niemand mehr auf der Straße angesprochen", erzählt sie jetzt. „Aber ich gehe auch nicht oft auf

---

2. **e Stimme(n)**: wie jemand spricht.

die Straße. Nicht am Abend, verstehen Sie?"

„Ja, aber jetzt ist es am Tag so warm ... da muss man auf den Abend warten. In der Wohnung, da ist es schön kühl. Im Büro auch." Jetzt erzählt er ihr von seiner Arbeit, von einem komischen Kollegen. Nur ganz kurz sagt er einmal: „Ich bin verwitwet." Das hat er noch nie gesagt. Sie sieht ihn nur kurz traurig an.

Sie erzählt jetzt von sich. Sie hat einen Freund, einen sehr jungen Mann. Aber der ist zur Zeit bei seinen Eltern auf dem Lande und sie ist allein in Wien.

„Er ist sonst immer um sieben Uhr abends bei mir. Wir sind schon lange zusammen, wissen Sie? Ich kenne das nicht mehr anders. Und jetzt ohne ihn, was soll ich jetzt abends machen? Da gehe ich spazieren. Er darf das nicht wissen. Er ist sehr eifersüchtig[3], müssen Sie wissen ... Aber ich kann doch nicht wochenlang allein in der Wohnung sitzen! Ich muss doch mit jemandem sprechen ... und da sind Sie gekommen ..."

Sie stehen vor ihrer Wohnung.

„Müssen Sie wirklich schon nach Hause, Fräulein? Wir können doch noch ein bisschen in den Park gehen!" hört er sich jetzt sagen.

Sie will das auch. Sie gehen zurück zum Park und sitzen dort auf einer Bank. Sie sprechen jetzt wenig. Er sitzt neben ihr, ganz nah, und es ist, wie neben seiner Frau zu sitzen. Dann beginnt diese hier wieder zu sprechen. Er wird böse. Wer ist sie? Die Freundin eines jungen Mannes. Eine Frau wie viele andere. Sicher hat sie schon andere Freunde gehabt. Aber er fühlt, wie warm sie ist. Ihre Lippen sind wie die seiner Frau. Er hat Lust, ihren Hals zu küssen. Er tut es. Sie sagt nichts. Dann steht sie auf und er bringt sie nach Hause. Vor der Tür fragt er: „Darf ich

---

3. **eifersüchtig**: will den Parter immer kontrollieren: der darf nicht mit anderen sprechen ...

noch mit Ihnen ...?"

„Was denken Sie! Das geht doch nicht! Um diese Zeit! Was sollen die Nachbarn sagen? Nein, nein ...". Sie sieht ihn an. Sie lächelt. „Aber wissen Sie was? Morgen Nachmittag um vier können Sie kommen, da fragt keiner, was Sie bei mir machen."

„Gerne! Ich komme!"

„Gute Nacht!", sagt sie und geht schnell ins Haus.

Er kann die ganze Nacht nicht schlafen. Er denkt an die Tote. Jetzt will er eine andere küssen: Die lebt. Sie ist warm, so warm. Es gibt hunderte, tausende wie diese hier. Sie hat andere Männer gehabt, das ist klar. Und er will in ihren Armen liegen? Er kann nur an die Arme seiner Frau denken. Was will er von der anderen?

Um vier Uhr nachmittags steht er vor ihrer Tür. Sie trägt einen leichten Hausmantel.

Er steht da und weiß nicht, was er bei dieser Frau will.

Sie setzen sich auf das Sofa.

Er hat ihr nichts zu sagen. Aber sie spricht die ganze Zeit.

„Hier wohne ich", sagt sie, „aber noch nicht lange. Meinem Freund hat meine alte Wohnung nicht gefallen, da hat er die hier für mich gemietet [4]." Dann erzählt sie von ihrer Schwester: Die ist verheiratet und wohnt in Prag. „Ich noch nicht, die Männer sind ja alle ... mein erster Freund, das war ein ganz reicher, der hat mich sitzen lassen. Dann hatte ich so einen Ausländer, mit dem bin ich nach Venedig gefahren, dann war der auch weg."

Gustav sagt nichts. „Was mache ich hier? Meine Frau hat nur mich gehabt, keinen anderen Mann, und die hier? Was mache ich mit so einer?"

---

4. **eine Wohung mieten**: man bezahlt jeden Monat und darf in der Wohnung wohnen.

Er steht auf wie einer, der weggehen will. Sie steht auch auf. Sie legt die Arme um ihn. Sie küsst ihn ... ein Kuss, ja, ein Kuss wie die von seiner geliebten Frau... dieselbe Wärme, so nah, ...

Er wacht neben ihr auf. Er liegt da wie in seinem Bett zu Hause, aber es ist nicht sein Bett. Über ihm hängt ein schlechtes Bild: Madonna mit Kind. Neben ihm liegt eine Frau.

Vor wenigen Minuten hatte er noch Therese in den Armen gehalten, seine tote Frau. Jetzt will er nur eins: Die Frau neben ihm soll die Augen nicht öffnen, die Lippen nicht öffnen, nichts tun und nichts sagen. „Ich will schnell gehen", denkt er. „Noch schläft sie. Ich will nicht sehen, wie sie wie Therese lächelt ... Wie diese infame Frau, die hundert Männer gehabt hat, wie kann die so lächeln wie Therese?"

Da wacht sie auf ... oder nicht? Sie öffnet die Arme für ihn ... sie lächelt ... Nein! Er sieht sich um. Hier auf einem Tisch, da liegt der Hut. Der mit der langen Nadel. Er nimmt die Nadel und stößt sie der Frau in die Brust. Gut getroffen. Sie schreit kurz. Dann nicht mehr.

Er steht auf und geht ans Fenster, steckt den Kopf hinaus und ruft: „Mörder! Mörder!"

Dann setzt er sich in den Sessel und wartet.

Da — jemand klopft an die Tür. Gustav geht aufmachen.

Was steht **im Text?**

Textverständnis

1 **Welche Antwort ist richtig?**

1 Wer ist am Ende tot?

   a ☐ Thereses Vater.

   b ☐ Gustav.

   c ☐ Die zweite Therese.

2 Was ist bei der zweiten Therese wie bei der ersten?

   a ☐ Die Stimme, der Charakter, der Hut, die Frisur.

   b ☐ Die Frisur, Hut und Hutnadel, der Gang.

   c ☐ Die Beine, die Haare, die Stimme.

3 Wie viele Männer hat die erste Therese vor Gustav gehabt?

   a ☐ Keinen.

   b ☐ Einen.

   c ☐ Drei oder mehr.

4 Wie viele Männer hat die zweite Therese vor Gustav gehabt?

   a ☐ Keinen.

   b ☐ Einen.

   c ☐ Drei oder mehr.

5 Von wem träumt Gustav in der Nacht vor seinem Besuch?

   a ☐ Von der neuen Therese.

   b ☐ Von der Arbeit.

   c ☐ Von der alten Therese.

6 Was tut die zweite Therese?

   a ☐ Sie küsst Gustav.

   b ☐ Sie isst Kuchen.

   c ☐ Sie denkt nur an ihren Freund.

Grammatik

2 **Welche Präposition passt? Denk an den Artikel.**

> auf — bei — an — bis — in — von — vor — zu — zwischen — aus

1 Wir fahren jedes Jahr ………… Meer.
2 Die Suppe steht ………… Tisch.
3 Ich komme ………… Deutschland.
4 Das habe ich ………… meiner Tante.
5 Wir treffen uns auf dem Platz ………… Schule.
6 Wir müssen noch ………… meiner Großmutter.
7 Dein Mantel hängt ………… Schrank.
8 Das Sofa stellen wir ………… Regal und den Tisch.
9 Ich schlafe heute Nacht ………… dir.
10 ………… Berlin können wir dich mitnehmen. Wir fahren nach Breslau.

3 **Prä- oder Postposition? Und in welcher Form? Setze ein was und wo es fehlt.**

> bei — aus —bis — entlang — in — nach — von — zu

1 Er kommt gerade ………… dem Keller ………… .
2 Sie wohnt ………… ihrer Tante ………… .
3 Wir gehen zusammen ………… die Straße ………… .
4 Kommst du mit ………… Bäcker?
5 Ich warte ………… morgen ………… auf dich.
6 Nächstes Jahr fahren wir ………… Südkorea.
7 Gehen wir heute ………… Kino …………?
8 Er kommt gerade ………… Friseur ………… .

4 *hin* **oder** *her*? **Setze ein, was passt.**

1 Wo………… kommst du?
2 Wo………… gehst du?
3 Ich bin in der Küche. Kommst du einmal …………?
4 Er geht morgens in den Park. Abends geht er auch ………… .
5 Peter heiratet morgen. Wir gehen alle ………… .
6 He, bist du noch oben? Kommst du zu uns …………unter?
7 Oder sollen wir zu dir …………aufkommen?
8 Da… siehst du das Fenster da? Da sieht sie zu uns …………aus.

Wortschatz

5 Was passt in welche Jahreszeit?

> **Badeanzug — Eislaufen — Schlitten — Pelzmütze —
> Schlittschuhe — Schnorchel — Ski fahren — Stiefel —
> am Strand liegen — unter Wasser gehen**

Sommer	Winter
....	....
....	....

6 Welches Verb passt?

> **bauen — bremsen — drücken — nähen —
> schieben — schießen — schneiden — werfen**

1 Er .... sich eine Scheibe Brot ab.

2 Ich ....auf den Knopf und die Maschine geht an.

3 Er .... ihr ein neues Kleid.

4 Er .... den großen Schrank ins Wohnzimmer. Tragen kann er ihn nicht.

5 Sie .... ihren Teddybär aus dem Fenster.

6 Da Auto fährt sehr schnell und kann nicht mehr ....

7 Da kommt er und .... mit Papierbällen auf seinen Nachbarn.

8 Wir lassen uns jetzt ein neues Haus ....

Schreib's auf

7 Im Leben: An jemanden denken.

Du hast ihn oder sie schon lang nicht mehr gesehen. Ihr wart gute Freunde. Ihr habt alles zusammen gemacht (oder fast alles oder nur ...). Dann ist er oder sie nach China oder nach Amerika gegangen und seit zehn Jahren hast du ihn oder sie nicht mehr gesehen. In den ersten Monaten habt ihr euch noch geschrieben, dann nicht mehr. Jetzt musst du an ihn oder sie denken ... und schreibst ihm oder ihr einen Brief.

Textverständnis

1 **Welches Bild kommt aus welcher Geschichte? Gib jedem Bild einen Titel.**

1 Liebesgeschichte von der schönen Magelone
2 Der Magnetiseur
3 Auf der Universität
4 Die Nächste

2 **Was passt zusammen? Unter welchem Titel?**

Die Nächste ....

Liebesgeschichte von der schönen Magelone und dem Grafen Peter von
Provence ....

Auf der Universität ....

Der Magnetiseur ....

A 1 Er ist der Sohn eines Grafen,
  2 Sie ist Tochter eines Schneiders,
  3 er ist Tischler,
  4 aber es gibt einen anderen: der ist Student.
  5 sie ist Tochter eines Königs.
  6 Seine Frau ist tot,
  7 Sie hat Probleme mit den Nerven,
  8 er sucht eine andere.
  9 er kann ihr helfen,
  10 aber sie soll einen Soldaten heiraten.

B 1 Sie stirbt am Ende.
  2 Sie wird glücklich.

Grammatik

3 **Wie heißt das im Präteritum?**

1 Sie geht heute nicht.
2 Ich kenne das Buch nicht.
3 Ich liebe dich nicht.
4 Wohin trägst du das Radio?
5 Wo liegt Großvater schon wieder?
6 Siehst du das Auto nicht?

4 **Setze eine passende Präposition ein:** *auf, aus, beim, in, von, zum.*

1 .... Lernen kann ich nicht fernsehen.
2 .... Supermarkt gehe ich später.
3 .... der Fabrik will ich nicht arbeiten.
4 .... dir nehme ich kein Geld!
5 Ich komme gerade .... dem Keller.
6 Setz dich doch .... den Stuhl!

5 Setze die passende Verbform ein.

1 *aufstehen*: .... endlich ...., es ist neun Uhr!

2 *geben*: .... mir endlich mein Geld! Ich warte schon seit Wochen.

3 *nehmen*: .... du immer noch diese Tabletten?

4 *tragen*: .... mir bitte die Tasche nach Hause.

5 *schlafen*: Er .... nachmittags immer von drei bis fünf.

6 *sehen*: Ich .... heute nicht so gut, ich weiß auch nicht.

Wortschatz

6 Welcher Beruf antwortet auf welche Frage?

> **Friseur — König — Maler — Maurer — Schneider — Schriftsteller — Komponist — Tischler**

1 Wer schneidet die Haare? ....

2 Wer baut Häuser? ....

3 Wer macht Möbel? ....

4 Wer näht Kleider? ....

5 Wer schreibt Romane? ....

6 Wer schreibt Symphonien? ....

7 Wer regiert eine Monarchie? ....

8 Wer malt Bilder? ....

7 Wer feiert was?

> **Hochzeit — Konfirmation — Scheidung — Taufe — Verlobung**

1 Ein Paar, das unglücklich verheiratet ist.

2 Ein junger evangelischer Christ.

3 Die Eltern eines/einer Neugeborenen.

4 Zwei Personen, die heiraten wollen.

5 Zwei Personen, die für immer zusammenleben wollen.